[권두시]
연한 미소

박 영 률
사단법인 기독교문학가협회 이사장

약국에서 필요한
상비약을 구하지 않는다

연한 미소가 상비약이다
웃음과 사랑이 상비약이다
이보다 더 좋은
상비약은 없다

돈 안드는 나의 상비약에
인내로 믿음의 나무 심어
순종의 열매까지
풍성하게 수확하니
더더욱 미쁘고 즐겁다

수지 맞았다
항상 몸에 지니고 다니는
나의 상비약 이어라

문이 열리다

백 근 기
사단법인 기독교문학가협회 상임회장

두 나래를 펴고 창공 향해 나는 것 보인다
한국문학의 나래는 여기에 있다
문이 열렸으니 이제부터 볼 수 있다

두 눈을 열면 기회(chance)있는 자 보인다
성공하는 사람은 기회가 올 때
귀를 활짝 열고 자신의 기회로 삼는다

마음을 열면 선택(choice)하는 자 보인다
성공하는 사람은 선택할 때
과감하게 결단을 내려 붓으로 살아간다

세문협이 바라본 도전(challenge)이 있다
성공하는 사람은 도전할 때
그분의 능력을 의지하며 흔들림이 없다.

한국문학의 에베레스트 정상 그날까지
손에 손을 잡아 이끌고 밀어주면서
얼씨구나 지구촌 축제 마당 곧 다가온다.

생명의 씨앗

문복희

시간과 시간 사이

점(點) 하나로 들어와서

공존의 씨앗 되어

생명의 꽃이 핀다

아침에 영혼을 깨우는

한 줄기 빛이다

문복희

서울 출생, 이화여대 국문학과 졸업
시인, 문학박사, 가천대학교 명예교수
시집 『첫눈이 오면』, 『싸리꽃』, 『나비의 기도』,
『문복희 문학전집』 외 총 17권
시천시조문학상, 박종화문학상, 두레문학상, 이화문학상 등 수상

빈 집

이향아

얼기설기 묶은 끈을 풀었습니다
살림살이 거덜 난 보따리 하나
문만 열면 쏟아질 듯 창백한 하늘
가던 길 멈추고 돌아보는 바람
하기야 애초부터 빈집이었습니다
어리석은 욕심만 벗어버린다면
무슨 탈이 있을까, 괜찮겠지요
실한 열매도 하찮은 껍데기도
한낮 햇살 늘피하게 뒹구는 마당
빈집을 지키다가 혼자 늙은 감나무

이향아

충남서천 출생
1966년 현대문학 추천으로 문단에 섬
시집 『모감주나무 한 그루 서 있었네』 등 26권
문학이론서에 『창작의 아름다움』 등 8권이 있음
신석정문학상, 문덕수문학상, 공초문학상 등 수상
호남대학교 명예교수

영혼의 눈

허형만

이태리 맹인가수의 노래를 듣는다. 눈먼 가수는 소리로 느티나무 속잎 틔우는 봄비를 보고 미세하게 가라앉는 꽃그늘도 본다. 바람 가는 길을 느리게 따라가거나 푸른 별들이 쉬어가는 샘가에서 생의 긴 그림자를 내려놓기도 한다. 그의 소리는 우주의 흙 냄새와 물 냄새를 뿜어낸다. 은방울꽃 하얀 종을 울린다. 붉은점모시나비 기린초 꿀을 빨게 한다. 금강소나무 껍질을 더욱 붉게 한다. 아찔하다. 영혼의 눈으로 밝음을 이기는 힘! 저 반짝이는 눈망울 앞에 소리 앞에 나는 도저히 눈을 뜰 수가 없다.

허형만

1945년 전남 순천 출생
중앙대학교 국문과 졸업
1973년 『월간문학』 등단
시집 『영혼의 눈』, 『황홀』, 『바람칼』, 『만났다』 등
중국어 시집 『許炯萬詩賞析』, 일본어 시집 『耳な葬る』
한국시인협회상, 영랑시문학상, 윤동주문학상 등 수상
현재 국립목포대학교 명예교수

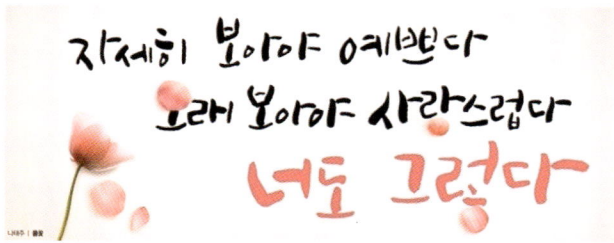

네이버블로그 꽃뿌리에서 옴

창간사

한국문학의 세계화를 위한 새 지평

박 영 률

   한국문학은 이제 세계화의 물결에 접어들었습니다. 또한, 기독교는 이미 세계화되었습니다. 그리하여 뜻있는 작가들이 모여 〈사단법인 기독교문학가협회〉를 설립하였습니다. 이는 문학단체가 손을 헤아릴 수 없이 많은 이때 또 하나의 단체를 만들었다는 것은 결코 아닙니다. 오랜 고심 끝에 문학 분야도 이제는 세계에 눈을 돌려야 한다는 간절함이 있었습니다. 우리나라에 매우 훌륭한 작가들이 많이 있지만 그중에 노벨상까지 받을 수 있는 작가도 있습니다. 그간 여러 가지 어려운 문제로 노벨상을 받지 못하다가 이제야 노벨상을 받았습니다. 또한, 세계에 나가 자리 잡은 디아스포라의 동포가 750만이라는 숫자에도 관심을 갖습니다. 그들과 함께 지경을 넓히고 각국어로 번역할 실력가를 통해 한국문학의 세계화를 추진해야겠다는 생각에 이르렀습니다. 그 가운데 기독교인들 중심으로 한국문학의 위상을 높여야겠다고 생각하였습니다. 인물은 하루아침에 나타나지 않으므로 우리말과 우리글을 잘 아는 디아스프라를 통해 번역에도 날개를 달 것으로 생각합니다.

   드디어 올해 2024년 10월 우리나라의 소설가 한강 작가가 노벨문학상을 받게 되어 감개무량합니다. 대한민국 최초의 노벨문학상이자 아시아 최초의 여성작가가 수상하였다는 것은 많은 것을 시사합니다. 24년 전 김대중 전 대통령께서 노벨평화상을 받아 국격을 높였는데 이제 문학에서도 역사에 남을 기록을 하나 세웠습니다. 문학의 변방처럼 알려지지 않은 한국의 문학은 이제 K문학으로 명명하여 전 세계로 뻗어나가고 있습니다.

최근 노벨상을 취소하라는 시위가 있다는 말을 듣고 노벨상에 좌우 진영의 논리가 웬 말인가 생각하였습니다. 우리의 눈을 이제 세계로 돌리고 세계의 시민으로 글로벌한 시대에 맞게 모든 분야에서 세계화되어야 합니다. 바라가는 우리는 문학 하는 사람들로서 한국문학의 세계화를 위하여 더욱 힘써 연구하고 좋은 문학작품도 창작하여 세계에 이바지할 때가 된 것입니다.

한 단체가 크게 발전하기 위해서는 구성원들이 서로서로 손을 맞잡고 힘을 합쳐 서로 격려하고 위로하여 용기를 북돋아 주어야 합니다. 한 단체가 성장 발전하기 위해서는 희생과 봉사 정신이 있어야 합니다. 잘 모이고 회비도 잘 내고 피차 격려하면서 매사에 긍정적 사고를 해야 하겠습니다. 어려운 시기에 창간호 발행을 위하여 전적으로 애쓰는 편집위원들의 노고에 감사드립니다. 본회 발전을 위하여 임원과 회원여러분, 우리 모두 힘을 합쳐 한곳 푯대를 향하여 힘차게 정진합시다. 아낌없는 성원과 자원, 뜻있는 분들의 아름다운 후원도 감사합니다.

(사) 기독교문학가협회 이사장 겸 대표회장 박영률

 **축사**

문학의 나무로 숲을 일구는 『기독교세계문학』

김 호 운

『기독교세계문학』 창간을 축하드립니다. 한국문학을 발전시키기 위해 노력하시는 박영률 이사장과 주간 김신영 이천지부 회장님을 비롯하여 임원들을 비롯한 회원 여러분의 노고를 치하드립니다. 고맙습니다.

지금은 속도의 경쟁시대라고 해도 과언이 아닐 정도로 문화 또한 급속도로 변화하고 있습니다. 이런 시대에 사는 우리는 문학 독자가 줄어들고 사회가 삭막해져 간다는 말을 자주 듣습니다. 문학의 위기라고까지 말하는 분들도 계십니다. 이는 지나친 우려의 목소리라고 봅니다. 문학은 사람과 자연을 탐구하는 예술이자 인문학입니다. 문학은 위기를 맞을 수는 없습니다. 사람이 세상에 사는 한 문학은 존재합니다.

문학을 멀리하면 삶의 가치와 인성을 높이는 일에도 소홀히 하게 됩니다. 문학과 역사와 철학을 소홀히 하는 사회는 마치 수목이 자랄 수 없는 사막이 되는 것과 같습니다. 문학 작품을 읽는 일은 마음이 삭막해지는 것을 막는 한 그루의 나무를 기르는 일과 같습니다. 바로 그러한 역할을 하고자 하는『기독교세계문학』에 기대가 큽니다. 한 권의 문예지는 삭막해져 가는 마음을 정화 치유하는 문학의 숲입니다. 저는 요즘 기회 있을 때마다 '문학을 존중하고 문인을 존경하는 사회를 만들자'라는 인식 변화를 위한 운동을 합니다.

우리 문인들끼리 먼저 문학을 존중하고 문인을 존경한다면 우리 사회의 인식도 바뀌게 될 겁니다. 많은 독자가 문학을 사랑하고 문학의 숲을 이루도록 『기독교세계문학』이 그 구심점에 있기를 바랍니다. 『기독교세계문학』이 한국문단의 큰 문예지로 성장하기를 기원합니다.

감사합니다.

(사)한국문인협회 이사장 김호운

축사

기독교문학의
새로운 장을 여는 이정표

오 세 훈

  안녕하십니까? 서울특별시장 오세훈입니다.
  사단법인 기독교문학가협회 문학지 〈기독교세계문학〉 창간호 발간을 진심으로 축하를 드리며, 발행을 위하여 물심양면 애쓰신 임원들과 문학인 여러분의 노고에 감사와 격려의 박수를 보냅니다.

  기독교 문학은 단순한 문학 장르를 넘어, 우리의 신앙과 삶을 깊이 있게 탐구하는 중요한 매개체입니다. 문학은 사람의 마음을 움직이고, 영혼을 치유하며, 서로의 이해를 돕는 힘이 있습니다. 특히 기독교 문학은 신앙의 메시지를 통해 우리 사회에 긍정적인 영향을 미치고, 사람들에게 희망과 위로를 전하는 역할을 합니다.

  이번 문학지 창간은 기독교 문학의 새로운 장을 여는 중요한 이정표가 될 것입니다. 여러분의 창의적인 글과 깊이 있는 사유가 담긴 이 문학지가 많은 이들에게 영감을 주고, 기독교적 가치관을 널리 퍼뜨리는 계기가 되기를 바랍니다. 또한, 다양한 목소리와 이야기가 모여 서로의 신앙을 더욱 풍요롭게 하고, 공동체의 연대감을 강화하는데 기여할 것이라 믿습니다.

회원 여러분의 열정과 헌신으로 만들어진 문학지가 한국문학의 우수성을 세계에 알리고, 우리나라의 대표적인 기독교 문학 플랫폼으로 성장해 나갈 수 있도록 서울시도 지속적인 관심을 가지고 지원하겠습니다.

여러분의 모든 활동이 하나님의 은혜 안에서 풍성한 열매를 맺길 기원 드립니다.

서울특별시장 오 세 훈

창립총회

사단법인 설립감사예배 및 취임식·임명식

임 원 회

창간호 편집위원회(각분과장)

김삿갓문학관 열차문학기행

■ 특집 인터뷰 ■
워싱턴빛교회 양정순 목사(본회 운영이사)를 찾아서

편집부

   사단법인 기독교문학가협회 창간호를 출간하면서 거리상으로 한국과 미국 사이가 멀기 때문에 인터넷으로 인터뷰를 진행하였습니다.
   인터뷰에 응하여 주신 미국 워싱턴D.C 워싱턴빛교회 담임목사님이신 양정순 목사님께 감사드립니다.
   Today, as we are publishing the first issue of the Christian Literature Association, we were unable to meet in person due to the distance between Korea and the United States, but we conducted the interview online.
   We would like to thank Pastor Yang, Cheong-soon, the senior pastor of Pentecostal, The Light Church in Washington D.C. area, for agreeing to the interview.

1. 목사님께서는 언제부터 독실한 크리스천이 되셨는지 말씀해 주시기 바랍니다.
1. Please tell us when you became a devout Christian.

저는 1968년 10월, 고등학교 3학년 무용반 학생일 때, 충남 부여제일감리교회에서 성탄절을 준비하는 과정으로 학생들에게 무용을 공연할 수 있도록 무용을 가르쳐 달라는 교회의 부탁을 받고 난생처음으로 교회에 가게 되었습니다. 그때는 교회에 대해서 아무것도 모르고 교회에서 "노새 노새 젊어서 노새" 이 노래에 맞춰서 춤을 가르치고 있었는데 담임목사님이 우리 연습하는 것을 보려고 오시더니 "학생! 교회에서는 이런 노래를 하는 것이 아니야, 찬송가에 맞춰서 해 봐." 저는 목사님께 대답하기를 "찬송가는 모르는데요." 했더니 깜짝 놀라신 목사님께서는 저에게 목사님의 성경책과 찬송가를 주면서 성경을 꼭 읽고, 찬송가는 "고요한 밤 거룩한 밤"에 맞춰서 무용을 가르쳐 보라고 하셔서 그날부터 날마다 밤늦게까지 꼭 한 달 만에 성경책을 다 읽었습니다. 그런데, 야곱과 에서를 차별한 내용을 읽을 때는 혼란이 왔습니다. 아버지는 에서에게 관심과 사랑을 주었고, 어머니는 야곱을 사랑하는 것에 대하여 너무나 분노가 일어나므로 그 날따라 읽고 있었던 성경책을 덮어놓고 그다음 날 목사님께 질문하였습니다. "목사님! 어떻게 이럴 수가 있어요? 저도 집에서 날마다 차별 대우받고 아버지로부터 매도 맞고 성장하였는데 성경에도 이런 차별이 있어요?" 그때 목사님께서는 이렇게 말씀하셨습니다. "만일 양정순 학생이 자서전을 쓴다면 잘못한 것과 부끄러운 것은 다 빼고 잘한 것과 자랑스러운 것만 쓰겠지. 그러나 성경은 모두 사실이기 때문에 인간의 죄악도 다 사실대로 기록해서 앞으로 계속 읽으면 이것보다 더 악한 부분도 나와! 그러나 모두 꾸밈없는 사실이야 여기서 포기하지 말고 계속 읽어봐." 그 목사님의 말씀을 듣고 계속하여 성경을 읽다가 혼자서 부흥 집회하듯이 울다가 또 읽고, 또 울다가 읽으면서 성경 말씀이 다 믿어지는 은혜를 받게 되었습니다. 그렇게 오랜 세월에 걸쳐 많은 투쟁을 겪은 끝에 저는 더욱 충실하게 예수님을 따르는 사람이 되었습니다.

 In October 1968, I went to church for the first time in my life. When I was a third-year high school dance student, the Buyeo First Methodist Church in Chungnam Province had asked me to teach dance to the church's children in preparation for a Christmas performance. At that time, I knew nothing about church, and I was teaching the children to dance to the song "Play, Play, Let's Play When We Are Young" at church. The pastor came in to see us practice and said, "Students! This is not the kind of song we sing in church. Try dancing to a hymn." I answered the pastor, "I don't know any hymns." The pastor was surprised and gave me his Bible and hymnal book, and told me to read the Bible and teach the children to dance to the hymn "Silent Night, Holy Night." I began reading right away and finished reading the entire Bible in a month. However, I was confused when I read about Jacob and Esau, and how the father loved Esau more than Jacob and the mother loved Jacob more than Esau. I closed the Bible that day and asked the pastor the next day, "How can this be? There was favoritism in my family, when I was treated poorly and beaten every day at home while my other siblings were treated like the favorite children, so how can there be such favoritism in the Bible?" At that time, the pastor said, "If you are writing an autobiography, you would leave out all the things you did wrong and was ashamed of and only write about the things you did well and was proud of. However, since the Bible is all factual, it also records the human sins as they are, so if you keep reading, you will come across even worse things. They are all unvarnished facts. Don't give up here and read them all." So I continued to read, and it was as if I was attending a revival service by myself. I cried and read again and cried and read again. I began to believe that all the words of the Bible were true. But it was after many struggles over many years that I became a more faithful follower of Jesus.

2. 목사님은 어떻게 미국으로 건너가서 50년 가까이 사셨으며, 미국에서 무엇을 하셨는지 말씀하여 주시면 좋겠습니다.
2. Pastor, please tell us how you came to the United States and lived there for nearly 50 years, and what you did in the United States.

경기도 동두천시에 있는 신흥여고(현재 보영여고) 무용 교사로 재직하고 있을 때 무용반 학생들을 데리고 동두천 미 육군부대에 가서 공연한 적이 여러 번 있었습니다. 미국 육군 버스에 학생들과 무용 도구들을 싣고 다녔는데 운전기사가 나중에 제 남편이 된 미 육군 '언더우드'였습니다. 우리가 결혼하게 된 때가 제 인생의 중요한 전환점이었습니다. 우리가 서로 알고 지낼 때 젊은 그 미군은 제게 청혼하였습니다. 저는 그의 결혼 제안을 거절했습니다. 그 당시에 한국 여성이 미국 남자와 결혼하는 것을 사회적으로 받아들일 수 없었습니다. 그분이 여러 번 청혼했지만 저는 계속 거절했습니다.

마지막으로 1976년, 미국, 뉴욕에서 공연하도록 초청받고 저는 미국에 왔습니다. 그미군, '언더우드' 씨가 미국에서도 저를 찾아와서 또 청혼할 때 저는 깜짝 놀랐습니다. 이때에도 저는 거절했습니다. 그러나 언더우드 씨는 계속 청혼했습니다. 그때에 제가 말을 꺼냈습니다. "나를 미국에서 공부하게 해 준다면 내가 당신과 결혼할게요." 이 말에, "Yes, Yes, I will do anything, anything, anything for you.

(그래, 그래, 너를 위해서 무엇이든지, 무엇이든지, 무엇이든지 다 할게)."

우리는 결혼했고 그때부터 저는 언더우드와 함께 미국에서 살았습니다. 그다음 날부터 타이핑학교에서 타자 배우고 곧 버지니아주로 이사를 했습니다. 미국 연방정부 문교부에서 임시공무원이 되어 모든 장학생의 서류 정리하는 'File Clerk(서류정리인)'으로 4개월 일하다가 한국 속담에 "하룻강아지 범 무서운 줄 모른다."는 말이 있듯이 저는 연방정부 국가공무원 시험을 치르기로 결심하였습니다. 그 당시 미국 연방정부의 공무원 시험은 80점부터 합격인데, 80점부터 89점은 2급 공무원 자격, 90점부터 99점은 3급 공무원 자격, 100점 이상은 4급 공무원 자격증을 받게 되어 있었습니다. 저는 99점을 받아서 그 자리에서 3급 공무원 자격증을 받았습니다. 저는 너무 실망은 했지만, 하나님께서 함께하시니 할 수 있다는 믿음으로 2주간 공무원 예비 공부하는 책을 사서 공부한 후에 다시 시험을 치렀습니다. 하나님의 도우심으로 124점을 받고 4급 공무원으로 취직되었을 때 참으로 기뻤습니다. 그때부터 미연방 정부의 공무원으로 미국의 육군본부에서 10년간 재정예산부에서 일했고, 노동성에서 10년간 재정부 예산 전체를 관할했고, 주택성에서 11년 6개월은 "전국의 부동산평가관리자"(My Job Title was "Assessment Manager")로 근무했습니다. 총 31년 6개월 동안을 미국 연방정부 공무원으로 근무하다가 정년퇴임을 했습니다. 또한, 직장에서 공무원으로 근무하면서 16년 동안 계속 야간대학교에 다녔습니다. Logos University에서 신학학사, 석사, 신학박사 학위를 취득했고, HUD, Virtual University, Government Management On-Line Program (연방정부 주택성에서 관리하는 가상대학 프로그램)을 마쳤습니다. 미연방정부 주택성에서 저를 하버드대학교에 보내주셔서, Harvard University, John F. Kennedy School of Government (하버드대학교, 존 F. 케네디 행정대학원)에서 Public Trust Officers Program을 마쳤습니다.

그리고 미국 버지니아주에서 1986년 우리 집에서 영광장로교회를 세 명이 개척하여 자체 건물을 구입하였으며, 그 교회에서 20년 섬기다가 성도들로 하여금 후임 목사 선택을 위한 투표를 하게 하여 결정된 분을 후임자로 모시도록 지도한 후에 워싱턴DC로 이사하였습니다. 둘째로 세운 교회가 워싱턴 빛교회입니다. 역시 우리 집에서 두 사람이 힘을 모아 개척하였고 지금 건물로 옮겨서 현재까지 섬기고 있습니다.

When I was working as a dance teacher at Shinheung Girls' High School (now Boyoung Girls' High School) in Dongducheon, Gyeonggi Province, I took students from the dance class to the United States Army base in Dongducheon and the students performed there several times. I used to transport students and dance equipment on a U.S. Army bus, and the driver was a U.S. Army soldier by the name of Underwood, who later became my husband. When we got married was an important turning point in my life. After we had known each other some time, that young soldier asked me to marry him. I rejected him because in Korea during those times, it was not acceptable for a Korean woman to be with an American man. He proposed many more times, and I told him no each time. Finally, in 1976, I traveled to the United States for a dance performance in New York. The young man surprised me by finding me in the United States, and he proposed again. Again, I told him I could not. After he repeatedly asked me again and again, I told him, "If you let me study in the U.S., I'll marry you." To that, he said, "Yes, yes, I will do anything, anything, anything for you." We were married and I lived in the United States with him. I started learning how to type at a typing school and soon we moved to Virginia. I worked as a temporary civil servant at the U.S. Department of Education as a 'File Clerk' for four months, organizing the documents of all scholarship students. As the Korean proverb goes, "A puppy that has just been a day doesn't know how scary a tiger is," I decided to take the federal government's civil service exam. In the scoring system for the U.S. federal government's civil service exam back then, you had to score 80 to 89 points in order to qualify for the GS grade-2; score 90 to 99 points to qualify for GS grade-3; and score 100 points or more to qualify for GS grade-4 civil service. I scored 99 points and received a GS grade-3 civil service Rating Certificate. I was so disappointed but I was confident that God was with me, so I bought a book to prepare for the civil service exam for 2 weeks and studied, and then I took the exam again. I truly believe that God was with me and helping me during that exam. By God's grace, I scored 124 points and started at the GS grade-4 level. I was so happy. I worked in the Finance and Budget Department at the U.S. Army Department for 10 years, then transferred to the Budget Office at the Department of Labor where I worked for 10 years, and finally was an "Assessment Manager" at the Department of Housing and Urban Development for 11 and a half years. I worked for a total of 31 and a half years and then retired.

While working as a civil service worker, I attended night school for 16 years. I received my Bachelor of Divinity, Master of Divinity, and Doctorate of Divinity from Logos University, and completed the HUD, Virtual University, Government Management On-Line Program, and the Public Trust Officers Program at Harvard University, John F. Kennedy School of Government.

In 1986, three people founded the Young Kwang (Glory) Presbyterian Church in Virginia, USA, and eventually purchased a building for the church. I was a founding member and served in that church for 20 years, and after helping the congregation to vote for a successor, we moved to Washington, D.C., and founded the second "Pentecostal the Light Church" in our home with two people, and we moved to a building and serve there until now.

3. 실례가 되지 않으시다면 가족들을 소개하여 주실 수 있을까요?
3. If you don't mind, could you introduce your family?

미 육군에서 20년 만기 제대하고, 연방정부 공무원으로 정년 퇴임한 이후에 천국으로 먼저 가신 남편이 계셨는데 그분은 나의 큰 협조자였습니다. 결혼한 두 딸이 있고, 손자와 손녀가 있습니다. 보안상 이름은 밝힐 수 없으나, 큰딸 부부는 변호사이며, 큰사위는 백악관에서 대통령 법률자문위원으로 대통령 두 분을 모셨습니다(오바마 대통령과 바이든 대통령). 큰딸은 법무성 변호사실 조감독으로 근무하다가 최근에 정년 퇴임했습니다. 둘째 딸은 평범한 가정주부로 행복하게 살고 있습니다.

My husband, who served in the military for 20 years, and retired as a federal government employee, was a great helper to me. I have two daughters and a grandson and granddaughter. I won't mention their names for privacy reasons, I hope you understand. My eldest daughter and her husband are lawyers. My daughter recently retired after working as an assistant director at the U.S. Department of Justice, and her husband served as an adviser in the White House under President Obama and President Biden. The second daughter lives happily as a homemaker.

4. 목회는 매우 힘든 사역인데, 여성으로서 하나님의 소명을 언제 받으셔서 기독교 지도자가 되셨는지 궁금합니다. 말씀하여 주시기 바랍니다.

4. **Pastoral work is a very difficult ministry, so I am curious about when you received God's calling as a woman and became a Christian women leader. Please tell me.**

1980년 한국에 주둔하고 있는 미8군으로 발령받고 한국에서 2년간 근무한 이후에 미국으로 돌아가기 직전에, 제 큰 오빠가 되시는 방배동 빛교회 양수일 목사님께서 "미국에 가서 잘 먹고 잘살기 위하여 가지 말고 〈선교사〉라는 각오하고 살도록 하여라." 하셔서 비행기 속에서 성경을 읽으면서 두려웠습니다. 선교사는 아무나 하는 것이 아닌데, 미국에서 선교사로 살려면 어떻게 해야 하나? 하나님의 심부름을 잘못하면 금방 천벌 받을 것 같은 마음에 제대로 배우고자, 신학 공부하자는 결심을 하고 신학교에 입학하게 되었습니다. 1984년 미국교회에서 전도사로 임명받고 다시 한국으로 발령받아서 미8군 재정부에 2년간 근무한 이후에 1986년 미국으로 돌아오자마자 세 사람이 모여서 우리 집에서 영광장로교회를 개척하였습니다. 그 후에 1992년 Dr. Frazier를 모시고 한국감리교회에서 연합집회하는 곳에 통역을 맡아서 서울, 인천, 강원도까지 한 달 동안 집회를 인도하면서 너무나도 극진한 대접을 받고 제가 엄청나게 잘난 줄로 착각하고 공상에 사로잡혀 교만해지는 것을 느꼈습니다. 그래서 결심한 것이 또 있었습니다. 교회 규모가 큰 교회로부터 초청받을 때마다 정중히 겸손하게 사양했습니다. 저의 약점이 있습니다. 그것은 많은 분으로부터 칭찬받으면 금방 교만해지는 것이기에 그 교만과 공상을 누르고 교만의 마귀를 내쫓는 데는 많은 시간이 필요하였던 것이었습니다. 지금은 많은 교인의 숫자는 아닐지라도 모두가 예수님을 닮아가는 사랑하는 성도님들을 섬기고 있습니다. 혹시 성도들이 잘못하면 야단도 치고, 잘하면 칭찬도 하면서 한 가족처럼 즐거운 목회 현장이 저희 교회입니다.

In 1980, I was assigned to the 8th U.S. Army in Korea and worked there for two years. When I was ready to return to the U.S., my older brother, Pastor Yang Soo-il of the Bangbae-dong Light Church, told me, "Don't go to the U.S. to eat well and live well, but live with the determination to be a missionary." I was afraid while reading the Bible on the plane. Not just anyone can be a missionary, so how can I live as a missionary in the U.S.? I started studying theology to learn properly, feeling that I would be punished if I did God's work wrong. In 1984, I was appointed as an evangelist at an American church and then, I was transferred back to Korea and worked for 2 years at the U.S. 8th Army Finance Department. After returning to the U.S. in 1986, 3 people founded the Yeong Kwang Presbyterian Church in my house. After that, in 1992, I worked as an interpreter for Dr. Frazier at joint Revival services of the Korean Methodist Church. Dr. Frazier and I served in Seoul, Incheon, and Gangwon-do for a month and we were treated so warmly that I felt I was becoming arrogant and delusional. From then on, whenever a large church invited me, I politely and humbly declined. My weakness is that I quickly become arrogant when many people praise me, so I fought with myself for a month to suppress that arrogance and delusion and cast out the devil of arrogance. Now, there are only a few of us in our church, but we all love each other who follow Jesus, and we serve the church as a family. I teach them when they do something wrong and praise them when they do something well.

5. 사역 가운데 워싱턴DC의 노숙자들을 섬기셨다는데, 노숙자 사역 이야기도 부탁드립니다.
5. I heard that you served the-homeless in Washington DC during your ministry, which was a difficult ministry. Please tell us about your ministry to the homeless.

2015년 워싱턴 지역의 우리 집에서 개척교회를 시작하였습니다. 개척멤버는 두 사람이었습니다. 주 정부로부터 교회설립 허가받으려면 최소한 15명 내지 17명이 있어야 한다는 주 정부 법규를 따라야 했던 것입니다. 하나님께 기도하면서 어떻게 전도하여야 교회설립이 가능할까 고민하고 있을 때, 하나님은 노숙자들을 섬길 수 있는 기회를 주신 것입니다. 인근 교회 근처 길거리에서 노숙하고 있었던 그들을 새벽에 찾아가서 잠자고 있

는 노숙자들을 깨우면서 저는 이렇게 말하였습니다. "나하고 같이 우리 집으로 가면 아침과 저녁을 먹여 줄 테니 나와 함께 예배드릴 수 있겠느냐 물으면서 나의 제안에 마음이 끌리는 사람들은 나하고 같이 가자" 라고 했습니다. 저와 함께 온 노숙자들은 우리 집에서 살게 되었습니다. 저는 이 사람들을 위한 아파트 신청 서류를 정부에 제출했습니다. 우리는 총 9명이 정부가 제공하는 아파트에 들어갈 수 있도록 수고하였습니다. 어떤 사람들은 빨리 아파트를 받았고, 어떤 사람들은 훨씬 더 오래 걸렸습니다. 가장 오래 걸린 사람은 아파트를 받기까지 1년 6개월 동안 우리와 함께 살았습니다. 노숙자를 위한 저희 사역은 식사 외에도 간단한 일상생활 필수품을 제공하고, 신발을 사거나 병원에서 건강관리를 받을 수 있도록 돕는 등 여러 우여곡

절과 어려움이 있었습니다. 그리고 많은 축복도 있었습니다. 예를 들어, 노숙자 중 두 명이 우리 교회에서 결혼했습니다. 어느 순간, 많은 눈물을 흘리며 노숙자였던 사람들에게 아파트 근처에 있는 미국교회에 참석하라고 격려했습니다. 그들이 계속 우리 교회에 오는 한, 다른 교인들은 그들을 노숙자로 대했기 때문에 그들은 새로운 삶을 시작하기 위해 우리 교회를 떠나야 했습니다. 그들은 독립적인 사람이 되어 맥도날드, 버거킹, 피자헛 등에서 일자리를 구했습니다.

In 2015, we started a new church in our house in the Washington D.C. area.

There were two pioneer members. We had to follow the state law that a church must have at least 15 to 17 members in order to receive a church permit from the state.

While praying to God and wondering how we could evangelize and establish a church

God gave us an opportunity to serve the homeless. I visited the homeless people who were sleeping on the streets near the church at dawn and woke them up while saying, "If you come with me, I will feed you breakfast and dinner at my house. Would you like to come to my house and worship with me?" I told those who were interested in my offer to come with me. The homeless who joined me began to live in my house. I submitted housing application documents to the government for apartments for these individuals. We helped a total of 9 people to be placed in apartments provided by the government. Some people received an apartment quickly, and some people took much longer. The one who took the longest lived with us for 1 year and 6 months before receiving an apartment. Our ministry for the homeless had many ups and downs and unique challenges, including paying for simple daily needs like meals or replacing the shoes on their feet, or helping them obtain health care at the hospital. And there were many blessings too, for example, two of the people who had been dating were married in our church. At some point, with many tears, I encouraged those previously homeless people to attend an American church that was near their apartments. As long as they came to our church, other members-treated them as homeless, so they needed to leave our church to start their new lives. They became independent people and found jobs at McDonald's, Burger King, Pizza Hut, etc.

6. 서울특별시장으로부터 허가받은 '사단법인 기독교문학가협회'의 운영 이사로서 바라는 말씀을 부탁드립니다.
6. As the operating director of the 'Christian Writers Association', which has been approved by the Mayor of Seoul, please tell us what you want to say to the association.

부디 존경받는 많은 기독교 문학인들께서 수많은 불신자가 감동하고 구원받을 수 있는 훌륭한 신앙시집과 문학지를 발간하여 불쌍한 영혼들을 끊임없이 구원하는 기독교 문학가협회가 되고, 하나님께서 인정하시고 기뻐하시는 우리들의 협회가 되어 주시기를 간절히 기도하겠습니다.

I pray that many respected Christian writers will publish excellent collections of religious poetry that can move and save countless non-believers, and that we will become an association of Christian writers that God can use to save souls, and that our association will be recognized by God and rejoice in God.

7. 마지막으로 목사님의 좌우명이 있으시다면 공개할 수 있을까요?
7. Lastly, if you have a motto, please share it with us.

저는 1) '예'와 '아니요'를 분명하게 하고, 2) 인간관계에서 최대한으로 약속을 지키며, 3) 나를 위해서는 검소하게 살고, 어려운 자들과 선한 일에는 풍요롭게 베풀면서 4) '영혼 구원을 목표'로 하고 살아가는 것이 제 인생의 좌우명입니다.

My life motto is 1) to clearly say 'yes' and 'no', 2) to keep my promises as much as possible in my relationships, 3) to live frugally for myself, and to give generously to those in need and to good causes, and 4) to live with the goal of 'salvation of souls'.

기독교세계문학

| 창간호 |

사단법인 기독교문학가협회
World Christian Writers Association

기독교세계문학 | 창간호 |

권두시	박영률	연한 미소 … 01
	백근기	문이 열리다 … 02
초대시	문복희	생명의 씨앗 … 03
	이향아	빈 집 … 04
	허형만	영혼의 눈 … 05
캘리시	윤동주	십자가 … 06
	네이버블로그 꽃뿌리	자세히 보아야 예쁘다 오래 보아야 사랑스럽다 너도 그렇다 … 06
창간사	박영률	이사장 … 07
축 사	김호운	소설가 · 한국문인협회 이사장 … 09
	오세훈	서울시장 … 11
기독교세계문학	편집부	이모저모 … 13
특집 인터뷰	편집부	워싱턴빛교회 양정순 목사를 찾아서 … 18
권두칼럼	김봉군	기독교의 구원과 인간상 … 37
신작시	강양옥	반가운 가을 외 2편 … 46
	고경상	빛이여 밝히소서 외 1편 … 50
	권양순	기도 외 1편 … 52
	권은영	오늘의 섬 외 2편 … 54
	김민섭	가을의 기도 외 1편 … 58
	김복희	사랑의 힘 외 2편 … 60
	김석인	남은 인생은 외 1편 … 63
	김성배	안용복, 전설이 되다 외 1편 … 66
	김수자	노을 물감 외 2편 … 69
	김순찬	신도시 빌립보 가는 길 외 1편 … 72
	김순희	바람을 그냥 놓아주자 외 2편 … 75
	김신영	미쁜 한가위 외 1편 … 79
	김완수	성탄 전야 외 1편 … 82
	김춘년	빈 그릇 외 2편 … 86

김현권　늦은 귀로(歸路) 외 1편 … 90
김홍섭　철조망으로 빚은 평화 십자가 외 1편 … 92
나은순　수락산편 외 1편 … 96
박문순　홍해의 기적 외 1편 … 98
박애란　기억해줘요 외 2편 … 100
백옥선　믿음의 존재 외 1편 … 103
서성철　친구 외 1편 … 106
안병민　찻잔에 담은 사랑 외 1편 … 108
유승우　잠들 수 없습니다 외 1편 … 111
유영애　이방인 외 1편 … 113
윤윤근　비겐 뒤 외 1편 … 115
윤춘식　오로라 … 118
이소연　소금꽃 이야기 외 1편 … 120
이영희　가슴으로 피어나는 꽃 외 1편 … 122
이오장　평화의 거리 외 1편 … 124
이옥규　야생화(野生花) 외 1편 … 126
이용덕　에덴의 동산 외 1편 … 128
이원숙　바람의 문장 외 1편 … 130
장헌일　옥합을 깨뜨려 외 1편 … 133
정근옥　베른 성당의 촛불 외 1편 … 136
정태광　까치밥 외 1편 … 138
정호영　추수(秋收) 외 1편 … 141
조성호　존엄사의 진실 외 2편 … 143

수　필　고산지　순례(巡禮) … 148
　　　　　김태호　문조의 죽음 … 153
　　　　　김화인　교도소는 만원이다 … 155
　　　　　도한호　사과 철학 … 159
　　　　　박경민　철의 여인 … 162

35

　　　　　　　박　하　어린 시절의 설날 … 165
　　　　　　　유광조　가끔은 세상을 거꾸로 보아야 … 169
　　　　　　　전용환　맹호부대 월남파병 … 172
　　　　　　　최숙미　살아내 주겠니! … 175

외국시 소개　존　던　Death, Be Not Proud … 180
　　　　　　　　　　　죽음아, 거만해하지 마라 … 181
　　　　　　　제라드 맨리 홉킨스 God's Grandeur … 182
　　　　　　　　　　　하나님의 장엄 … 183
영어 번역시　김신영　Erecting a Poem … 186
　　　　　　　　　　　詩의 옹립(擁立) … 188
　　　　　　　권양순　When Cherry Blossoms Fall … 190
　　　　　　　　　　　벚꽃 질 때 … 191
　　　　　　　백근기　Retiring at the Retirement Age … 192
　　　　　　　　　　　정년 은퇴 … 194

　　　現時論　윤춘식　노벨문학상의 의의와 글로벌 문학 정신 … 197
　문학기행　김신영　박두진 문학관 기행 … 219
　선교문학　백근기　라오스 선교 문학 … 229
「AI」의 평론　김현승 시인의 '가을의 기도' 분석 … 237
　　　동　시　이홍재　가을밤 … 244
　　　　　　　홍성훈　영원한 누나 외 1편 … 245
　　　동　화　신건자　반짝이는 꿈 … 248
　　　소　설　박종규　달려라 슬비 … 256

　　　　연　혁 … 275
　　　　정　관 … 281
　　　　시행규칙 … 291

권두칼럼

김봉군 | 기독교의 구원과 인간상

기독교의 구원과 인간상

김 봉 군

속도가 돈인 시대다. 초음속 기차가 경부선을 20분 만에 주파할 기세다. 디지털 문명, 데이터 과학 시대의 21세기 인류는 이제 '멈춤'의 자유를 잃은 우주 문명 시대의 한갓 부품으로 전락할 형국이다. 이 시대 인류는 지금 어디로 이리 황망히들 내닫고 있는가.

– 귀하는 지금 어디로 그리 서둘러 가십니까?

오래전 이웃 나라 길거리 표지판에 씌어 있던 심각한 표어다. 교통사고에 대한 경고문이면서 형이상학적 성찰을 환기하는 명문이었다. 두 귀에 리시버를 꽂고, 두 눈은 스마트폰에 고착시킨 전철 안 침묵의 군상들. 독서하는 사람은 희귀 인류가 된 지 오래다. 정치도 경제도, 심지어 교육마저도 세속적 욕망에 목을 매고 있다. 스마트폰과 쇼셜 미디어에 중독된 우울증 환자들, 딥페이크 성범죄에 '신명'을 거는 탐욕의 화신들이 속출할 지경이다. 초월적 가치관, 영적 구원 의식의 부재에 따른 인간의 기계화와 야수화(brutalization) 때문이다. "부자 되세요."는 넘치는데, "좋은 사람 되세요."는 허기진 지 오래다. 생명의 양식은 하나님 말씀이 아닌 파파존스 피자가 된 셈이다. '하나님의 모상'인 인류가 어쩌다가 이 지경에 이르렀는가. 극단화된 인본주의, 물량 위주의 매머니즘 탓이다(눅 16:9~13). 육신의 정욕과 안목의 물욕과 이생의 자랑을 숭상함으로써 빚어지는 영적 비극이다(요일 2:16). 근대 이후의 인류는 어쩌다가 이 지경에 이르렀는가. 르네상스적 인본주의 문명의 편향적 질주가 낳은 부정적 양상이다.

중세적 기독교 사상을 뒤집고 일어선 르네상스적 인본주의는 그리스 문명의 헬레니즘을 부흥시키며 사람에게 '자유'를 구가, 향유하게 하였다. 하나님의 섭리와 대척적인 좌표에서 자연 과학적 진리에 따른 실증주의(實證主義)를 신봉하고 생물 진화론으로 창조론에 도전했다. 이에 따라 근대 이후의 인류는 질병과 궁핍에 응전하여 수명을 늘리며 풍요로운 삶을 누리게 되었다. 무신론으로 치닫게 된 인류는 영성(靈性, spirituality)을 잃고 수성(獸性, brutality)에 친근하게 되어 치명적인 죄악에 빠졌다. 사람과 자연, 사람 상호 간, 사람과 절대 진리(하나님)와의 분리(detachment)로 인한 반구속사적(反救贖史的) 비극이다.

우리는 이 비극에 처한 우리 자신을 구원해야 한다는 사명감으로 한국기독교작가협회를 결성하고 『기독교세계문학』을 세상에 내어놓기로 한다. 타락한 세상의 언어를 하나님 말씀으로 정화하자는 뜻이다. 이를 위해 기독인 문학의 언어는 감수성의 세련화와 함께 의식의 문제에 가중치를 둘 수밖에 없다.

의식의 문제에 착목할 때, 모든 문학은 ① 개인의식의 형이상학적 지향, ② 사회의식의 형이상학적 지향, ③ 사회의식의 형이하학적 지향, ④ 개인의식의 형이하학적 지향의 네 위상 중의 어느 하나에 놓인다. 기독 문인이 섬겨야 할 것은 ①과 ②

다. ①이 지향하는 바는 개개인 실존적 자아의 영적 구원이다. 단지 도덕적 자아로서의 선(善) 만에 말미암지 않고, 오직 하나님의 긍휼을 좇아 '중생의 씻음과 성령의 새롭게 하심'으로 온전하여지는 경지다(딛 3:5). ②는 공동체의 구원이다. 이는 개아의 구원에서 말미암아 중생의 공동체가 되는 낙원 의식이다. 기독교 작가들은 "네 이웃을 네 몸과 같이 사랑하라." 신 성서 말씀(마 22:39, 막 12:31, 눅 10:27, 롬 13:9, 갈 5:14, 약 2:8, 레 19:18)을 청종함으로써 자유롭고 평등한 복지 공동체를 이루는 인간상을 창조, 제시할 수 있을 것이다. 모세가 장대 위에 매단 놋뱀을 단지 쳐다보기만 해도 살 수 있었던 사건이 구원의 현저한 모티프일 수 있다(민 21:9, 왕하 18:4, 요 3:14~15).

예수 그리스도를 구주로 믿고 세례받은 사람은 구원받는다는 선언은 물론 절대 진리다(막 16:16). 아울러 세례받은 자 모두가 명심해야 할 것이 있다. "성함을 입은 자는 많되 택함을 입은 자는 적으니라(마 22:14)."하신 말씀과, "믿음이 있노라 하고 행함이 없으면, 무슨 이익이 있으리오(약 2:14)."라는 견책을 믿는 자는 잊어서 안 된다.

기독교적 구원의 인간상에 합당한 거대 담론은 '예수님을 주로 시인하며 하나님께서 그를 죽은 자 가운데서 살리신 것을 마음에 믿는 사람'이다. 그런데 문학작품은 그것을 구체적으로 보여 주는(showing) 언어 예술 양식이다. 기독교 작가는 성서 말씀 66권 곳곳에서 구원의 인간상에 합당한 모티프를 찾아낼 수 있다. 가령, 여호와의 이름을 절절한 어조로 부르는 자(욜 2:32), 겸손한 자(욥 22:29), 중심에 통회하는 자(시 34:18),

의로 구원하는 정직한 자(잠 11:8), 의에 주리고 목마른 자, 마음이 청결한 자, 화평케 하는 자(마 5:6~9) 등 성서에는 수많은 구원의 인간상과 그 모티프가 있다.

기독교 작가는 성서를 다시 정독하며 구원의 인간상을 뽑아 요목화할 필요가 있겠다.

기독교 작가들의 도전적 과제는 ③과 ④적 인간상과의 선한 싸움이다. ③을 대표하는 인간상의 전형은 사회주의적 리얼리즘(socialist realism)이 빚은 폭력적 인물의 신념과 액션이다. 이와 달리 기독교 작가의 과업은 사랑의 공동체를 만드는 '만남'의 기적 성취다. 사회주의 리얼리즘 작가들이 증오와 저주로 이를 갈며, 물리적 폭력으로 가진 자(the haver)의 것을 탈취하여 못 가진 자(the unhaver)에게 분배한다는 점에서 이에 대척적이다. '원수와 우리'를 분리하여 적을 말살하자는 것이다. 그들 프롤레타리아 혁명의 주도자들은 새로운 지배 계급이 되어 대다수의 다른 무신자들을 억압, 착취, 말살한다. 또 다른 카인의 후예들일 뿐이다. 인간의 원죄 때문이다. 어느 목회자가 기독교 방송에서 반공 사상을 공격한 것은 경악할 변고다.

기독교 작가들은 이런 폭압적 위선자들을 순화, 설득하기 위한 '구원의 투구'(살전 5:8)를 쓰고 선한 싸움의 전선에 나서야 한다.

앞에서 말한 딥페이크 성범죄는 ④의 위상에 놓인 심각한 문제다. 성서는 "욕심이 잉태한즉 죄를 낳고, 죄가 장성한즉 사망을 낳느니라(약 1:15)."고 깨우친다. 삼손과 다윗왕이 그 두드러진 인간상이다. 이런 영웅적 인물들의 비극적 결함(tragic flaw)은 아픈 대목이다.

기독교 작가는 본질적으로 사랑의 메신저다. 이를 위하여 그는 때로 준엄한 고발자로 나서야 한다. 특히 세속사적 명성에 연연하여 권력 쟁취에 몰두하는 자, 사람들에 칭송받기 위하여 하나님의 권능을 참칭하는 위선자들을 예술의 힘으로 징치하는 것이 기독교 작가의 사명이다.

또한 우리 민족의 의식에 대한 기독교 작가의 자세가 문제다. 한국인의 집단 무의식은 샤머니즘이다. 샤머니즘의 기층 위에 유교·불교·도교 사상이 자리한 중층이 자리해 있고, 그 위의 표층에 서양의 자연 과학과 각종 근·현대 사상, 기독교 사상이 놓여 있다. 사상의 혼합주의(syncretism) 양상이다.

진부한 충고이나, 기독교 작가들은 "천하 인간에 구원을 얻을 만한 다른 이름을 주신 일이 없음이니라(행 4:12)." 한 말씀을 명심해야 하리라. 기독교 문인이 부처를 찬미한다거나 무속적 운명 결정론에 동조하는 것은 믿음의 자아와 예술적 자아의 분열로 인한 참담한 불상사다. 불교와 도(선)교는 상담 심리학의 한 자료일 수 있고, 유교는 세속 윤리의 한 규준일 뿐 궁극적 구원의 진리는 아니다. 공자는 죽음이 무엇이냐는 제자의 질문에 "삶을 모르거늘 어찌 죽음을 알쏘냐?"고 했다. 죽음 문제를 회피한 가르침은 구원의 종교가 아닌 실천 윤리의 수준에 머문다. 기독교를 잘 알기 위하여 비교 종교론을 공부할 필요가 있다.

문학 현상론은 말한다. 작품은 독자와의 역동적 소통 속에서만 생명이 있다는 것이다. 가령, 신앙 깊은 인간상을 그릴 때, 시종일관 '선(善)의 포만 상태와 성도적(聖徒的) 모습만 노출시키는' 일면적 단순성으로는 읽기와 담을 쌓으려 엉버티는 독자들을 제대로 만날 수 없다. 성스러운 겉모습의 심층에 도사린 추악성, 추악한 겉모습의 내면에 감추인 성스러움을 투시하는 영적 안목이 기독교 작가에게 요구된다. 가령, 프랑수아 모리아크의 문학 정신을 주목할 필요가 있다. 요컨대, 기독교 작가는 우리 문학에 결여된 준열한 영적 통고 체험(痛苦體驗)과 형이상학적 탐색의 길을 제시할 수 있어야 한다. 치열한 탐색의 길을 보여 주어야 한다는 말이다.

기독교 작가는 자아의 실존적 극한에서 영적 구원의 신호등을 켜는 사람이어야 한다. 그러기 위하여 그는 먼저 자신과는 물론 온 세계와 화해해야 한다. 인생이란 '못다 부른 긴 악보의 찬미가'라고 어느 시인은 말했다. 사람은 서로 아름다운 존재이며, 세상은 자주 못마땅한 장터이면서도 그 속에 가난하나 살뜰한 사랑이 깃들여 있는 법이다.

우리는 '인간 세상의 암흑만을 폭로하기에 심신을 소도하는 리얼리스트들'과 다르다. 야수화한 정치인들과 세상의 온갖 추한 욕망의 소용돌이, 그 물길을 정화하기 위하여 우리는 그리스도의 사랑을 전신 갑주로 입고 선한 싸움터에 나설 십자가 군병들이다.

우리나라 기독교가 세계 선교에 나섰듯이, 우리 기독교 문학이 세계화하기를 기도한다. 우선 백도기, 조성기, 김성일, 이승우의 소설을 읽기 바란다.

권두언이 길어졌다. 우리 회지 창간호에 대한 깊은 관심과 회원 제위에 대한 사랑 덕이다. 아울러 우주 만상이 영원성의 투영이라 한 가브리엘 마르셀의 유신론적 실존 의식을 환기하면서 말씀을 줄인다.

우리는 지금 어디로 이리 서둘러 가고들 있는가. 가득 찬 이 빈 터에서.

김봉군

- 경남 남해 출생
- 카톨릭대 명예교수 한국문학비평가협회 등 회장 역임
- 다량의 문학서와 교육서 출간, 시조시인, 평론가, 교육자
- 한국문학비평가협회 회장 등 역임
- 『문장기술론』, 『한국현대작가론』, 『이상론』
  『한국 소설의 기독교 의식 연구』 에세이집 시집 등 다수

신 작 시

강양옥 고경상 권양순 권은영 김민섭
김복희 김석인 김성배 김수자 김순찬
김순희 김신영 김완수 김춘년 김현권
김홍섭 나은순 박문순 박애란 백옥선
서성철 안병민 유승우 유영애 윤윤근
윤춘식 이소연 이영희 이오장 이옥규
이용덕 이원숙 장헌일 정근옥 정태광
정호영 조성호

반가운 가을

강 양 옥

무섭게 찌던 여름
가을이 밀어내고
명경 같은 가을 하늘
고운 단풍 단장하고
아장아장 걸어온다.

여기저기 전국에선
축제들로 가득 차고
희희낙락 금수강산
어디 갈까 바쁜데
마음과 눈으로 보면서

못 가는 마음 서글픈데
오곡 백화는 만발하여
어서 오라 재촉한다.
하나님 못 본 것들은
텔레비전으로 보렵니다.

하얀 고무신

강 양 옥

육이오 전쟁 중에
피란 길 신고 닳아
창이 난 흰 고무신
육 남매 키우노라
불철주야 신으셨던
낡고 닳은 흰 고무신

피란 갔다 돌아와
하나님께 기도하며
굴뚝 연기 살펴보고
그 고무신 바라보고
생사 확인하는 순간
절규했던 흰 고무신

흰색이 퇴색되어
알 수 없던 그 빛깔
애틋한 추억만 두고
떠나가신 어머님
이산가족 찾던 그 날
그 고무신 생각난다.

늙음의 자유

강 양 옥

늙고 보니 좋다
자유가 많아 더 좋다.
고독도 자유요.
외로움도 자유다.
눕거나 앉거나
모두다 자유다.
보름달 같은 눈물방울
별빛 같은 근심걱정
영혼의 번거로움도
모두 다 버린 자유

하늘나라 다가 와서
눈앞에 서성이고
풍전등화 같은 인생
일초 앞을 모르는데
먹고 싶으면 먹고
자고 싶으면 자고
간섭할 자 그 누군가?

늙음이 자유인 것을

늙어 보고 알았네.

강 양 옥

- 수필가 시인
- 수도여자사범대학국어국문과졸업(세종대학)
- 경기한국수필문학가협회부회장 역임
- 한국문인협회 수원시 지수원문학 부회장 역임 현 이사
- 한국문인협회 회원
- 국제펜클럽한구본부회원 경기한국수필가협회회장
- 저서 1997년 수필집 '금빛 내리는 계절'
- 2006년 '운평선' 추억에 비치다.
- 2012년 시집 '내 영혼의 텃밭에는'
- 2015년 시집 '세월은 구름 타고' 사랑초 외 다수
- 1990년 동양문학 신인문학상 수상
- 2019년 국제펜경기펜문학작품상수상
- 2022년 수원문학상 대상 수상

빛이여 밝히소서

고 경 상

처음엔 없었으나
나중까지 지녀야 할
말씀과 기도가

흘러가라 빛이여
예수와 인간 관계를

하늘처럼
구름처럼

끝나지 않을 세상에

너는 아프지 않고
나는 서럽지 않게

오늘의 밝은 세상으로

긍정의 마인드

고 경 상

욕심을 버리고

현재에 만족하며

허세를 버릴 때
느리고 여유롭게 살 때

시선을 돌리면
생각을 바꾸면
미소를 지으면

행복은 어렵지 않게
발견할 수 있다

고 경 상

- 2015 아주문학 (회장)
- 2015 서울 문학 시 신인상 등단
- 2023 한라산 문학 시 대상

기도

권 양 순

기도는 하나님께 나아가는 통로
평화를 이어주는 하나님의 자비

기도할 때 내 심장은 두근두근
내 잘못 알려주는 종소리 들려
염치없는 민낯으로 오늘도 엎드린다

기도는 하늘과 땅을 오가는 가교
잠든 나의 양심 깨워주며
빛나는 별을 초대하여 나를 씻는다

기도는 절망 중에 울리는
사랑의 종소리
한숨이 변하여 기쁨이 되고
어둠을 소망의 빛으로 바꾸어 주신다

기도는 겸손이 다가오는 창
낮아져라 주의 음성 바람처럼 들린다

기도는 하나님께 나가는 평화로운 수행
나는 피난처 되신 주를 편안하다 말하리.

등대

권 양 순

어두운 밤 외로운 등대 하나
변함없이 그 작은 빛 비추네

흔들리는 검은 바다
갈 길 잃은 작은 배들이 보네

언제나 그 자리에서
어둠에 더 선명히 비추네

빈 배처럼 나의 기다림도
나의 외로움도

그 빛을 노래하며 따라가네

권 양 순

- 백석대 상담학박사
- (사단법인) 한국가교문학회 등단
- 시집 『꽃등불』 출간
- 쉴만한 물가 작가회 본상 수상
- 기문협 운영이사

오늘의 섬

권은영

오늘의 섬은
등 기댈 벗 하나 없이
홀로 서서
오늘을 보내고 있다

눈을 뜨면
칼 끝으로 서늘히 그은
세상의 냉정한 수평선
귀를 열면
갈매기 노래를 닮은
세상의 이명

삶은 섬이다
망망한 안개세상
번뜩이는 비바람이 친구일까
아슴아슴 외로운 길을

등대를 바라보고 가듯
고독한 걸음으로
하늘의 등대를 바라보고 간다

친구여 창문을 열어라

권 은 영

지난날의 어둠을
눈물로 닦고
불면지의 밤을 건너면
아침이 오고
해가 솟아 오른다
친구여 창문을 열어라
밤새 싸운 빛이
어둠을 용서치 않고
은총의 약속은
무한한 빛을 심고 오려니
잠 못 이룬 밤에
눈물 젖은 이불을 걷어내고
사방에 닫힌 창을
친구여 창문을 열어라

시를 사랑하는 여인

권 은 영

창문으로 들어온 하늘에
시를 쓰고 꽃을 노래하는
시와 친구하며
암과 뒤척이던 나날들

얼굴 본 적 없어도
시 속에서 만난
언어를 잃어버린 여린 여인

검은 비내리던 날
꽃잎은 비바람에 떨어지고
단풍 들기 아직 먼 오월
푸른 잎 폭우에 찢어졌다

두고 간 여행지의 긴 이야기는
시가 되고
그리운 이들과 나눈 사랑은

노래가 되어
빛난 보좌 앞에

영광 높여 드리리라

삶은 머뭇머뭇하기엔 너무 짧아
웃고 울며 잡은 시간들은
백합화 같은 은혜
시 속에 속삭임이
함께 울먹인다

권은영

- 강원 삼척 출생
- 이화여대 국어국문학과 졸업
- 2015년 (창조문예) 시추천으로 등단
- 시집: 『8길 위에서』 출간
- 공저: 『수금을 울리다』 외
- (창조문예 문예상 수상 창조문인협회 회장 역임
- 한국문인협회 회원, 한국기독교문인협회 이사
- 이화여대 동창문인회 회원

가을의 기도

김 민 섭

가을비 담은 여울물 소리가
천 갈래 눈물을 토해낸다

가을바람 잎 새 소리에
들녘의 서러움이 밀려온다

어두운 밤 홀로 선 소나무
달님 바라며 별빛에 젖는데

늦은 가을 들리는 신의 숨결
마른 가지에 생기를 부어주소서.

가을아, 시집가니

김 민 섭

치마폭에 덮여 있는 산자락이
불그스레 가슴이 차오른다

파도치는 산봉우리마다
휘감아 도는 색동옷
치마저고리

파란 하늘에 그려진 님의 얼굴
귓불에 불어오는 풀 향기 소리

항아리 널려있는 담쟁이 곁에
감나무에는 붉은 볼 연지 달려 놓고

호수 위 눈부시게 쏟아지는 설렘에
반짝이는 윤슬 가을아, 시집가니

김 민 섭

- 목사, 한세대일반대학원 Ph.D.cand., WATS Th.D.cand.
- 2015년아세아문예 등단.
- 저서 『예성문학회1,2집』
- 국제PEN한국본부 회원, 한국문인협회 회원
- (사)기독교문학가협회부회장, 한국크리스찬문인협회 회원
- 세계청소년동아리연맹 총재

사랑의 힘

김 복 희

무거운 오늘 하루 침대위에 내려놓으면
잠이 드는 방안에는 고된 하루 코를 골고
사랑이
가득 찬 화분엔
보세난 향이 그윽하다

지난 날 생각 위에 내 마음 묶어세워
매일을 하루같이 당신의 사랑 앞에
사랑도
미움도 함께
넘쳐나는 은혜의 길

내일을 빛내려고 부족한 오늘을 살고
기도가 지극하면 젊음도 되살아나
뚫어진
일상을 꿰매며
행복한 오늘을 살란다.

비행기 안에서

김 복 희

하늘 윈지 구름 윈지
모르는 상공에서
구름밭 가는(耕) 자락
은혜로운 노을이여

신비한
옛적 동심은
진실한 기도가 된다.

예수님

김 복 희

사람이 하고 싶어도
할 수 없는 일들이 있다

바르게 계산하고
곧은 길 열어주는

보아도
보이지 않는
빛이 있고
그늘 있다

김 복 희

- 경북 영주 출생.
- 문학세계(수필), 문예시조(시조), 예술세계(시조)로 등단.
- 수상 : 한국 크리스찬문학상, 세계문인협회문학상 대상.
  경북여성문학상 수상. 현대시조 작품상.
- 저서 수필집 : 『장밋빛인생』
- 시집 : 『풍기인삼』『사랑의 힘』『섬돌을 밟고서면』
  『사랑하며 살아가며(근간)』

남은 인생은

김 석 인

발아래 모든 것들이
산에 올라가면
나를 올려다보는데

아등바등하는 이유는 뭘까
이 세상, 영원히 살 것도
행복한 사람만 사는 곳도 아닌데

저기 공원묘지에 잠든 분들
근심 걱정 없이
가장 행복한 날 보내네.

쇠심줄보다 질긴 것이 목숨인데
젊어서 삶의 터전 만들 때는
모두가 소금물에 파김치 되었었지

남은 인생 멋지게
추운 날씨에
따끈한 우동국물 맛처럼

저 강아, 묻지 마라

김 석 인

내가 건너온 세월을 저 강아, 묻지 마라
그 세월 속에는 희로애락이 녹아 있다
비눗물처럼 뿌옇게

개구쟁이 친구와 같이 즐거웠던 시절도
전쟁의 포화 속에 할머님 손을 잡고
강변 숲속에 피난길도

청소년 시절
젊은 베르테르의 사랑도 꿈꾸어 보았고
젊음을 불사르고 싶어 한없이 방황의 길로
배낭 하나에 의지도 했다

한때는 영웅심에 빠져서
애국심에 도취 되어 푸른 제복을 입고서
팔도강산을 누벼도 봤다

이제 희수(稀壽)의 길을
눈앞에서 바라보며 큰 걱정은 없다지만
유유히 흐르는 저 강은 다 알고 있을 것이다
나의 모든 것을

말을 아낄 뿐이다
더는 묻지 않고 있으니

저 강아, 묻지 마라
이별의 슬픔을, 만남의 기쁨을
나의 마지막 여생을 노랗고 곱게 물들어
새 생명의 밑거름이 되고 싶다
이제 저 은행잎처럼

김석인(金錫寅)

- 美 I.A.E. University 문학사, 2013년 『열린문학』 금상
- 시집 : 2022 『詩가 뭔데』
- 세계 환경문화상
- (사)국제문화예술협회 최고심의위원
- 계간 『열린문학』 편집본부장
- (사) 한국문인협회 광명지부 회원
- (사) 안중근 의사 문화예술연합회 자문위원

안용복, 전설이 되다

김 성 배

난 시푸른 너울의 노비였다
자처 우는 바람의 고향을 찾아
부산포에서 울릉도를 건너
파도 소리에 거친 무명의 몸 실었다
마마 자국 물거품 얽어도 숨길 놓인 내 바다인데
거북손 다리처럼 걸친 홀태 같은 왜 나라 족속아
독섬에 널어놓은 저 수평선 몸살조차
소금꽃으로 피워낸 내 어린 새끼인데
가난에 널 미세기에 맡겨두었더니
오징어내장탕 같은
속 시린 살점을 뜯어먹다니
쟁기 같은 그물질에 물이랑 진다
이마 뜨거운 해 코뚜레 꿰어
젖은 어깨에 강치의 피 울음 이고서
돌아갈 땔 아는 순한 조선의 터전임을 아는가
꽁보리밥에 명이나물 얹어
노을 한 술 넣고
곰살궂은 어미의 비린 땀내 썩썩 비벼
척박한 땅 멀미 게워 놓았다
쓰시마 번 쌩이질에 끌려간 몸이지만
피붙이 같은 저 바다 고갤 돌리겠는가

잠든 상장군 바위 대갈통 때려 깨워
숫돌바위에 언약의 칼날 갈아 막부를 베어 내리라
파도치는 곤장 세례 두렵지 않다
병자년 검은머리방울새처럼 때깔도 좋게 차려입고
저 바다 건너 기어이 약조 받아내리라
괭이갈매기 울음 옷고름에 씹어 문 아내여
어서어서 오리라 가고서
저 멀리 떠났지만 슬퍼도 기쁜 건
그대만 바라본 얼굴 바위처럼
이 땅의 백성과 또 한 천년을 살아내고 있지 않은가

우산도 돌아들다

김 성 배

동백꽃 목젖까지 파도 소리로 울었다
울음은 마른장마 사막을 품은 채
환하게 웃어내야만 살아가는 홀로였다
어미는 송곳산에 눈썹이 아려도
아비는 바람만 걱정한다
제 살을 산염소처럼 뜯어먹고 살아왔다
바다를 바라보며 목마름을 달래곤
수평선에 그은 기억을 찾아 떠돈다
목까지 찬 이름 암내로 배인 항구
바람의 지린내로 씹어뱉은 우산도는
설화가 됐다는 소문 연탄불에 눕는다
갯바람에 절어진 그녀가 간간하다
매지구름 다 지운 도동항 비늘을 털어내도
비려진 것은 더는 비려지지 않는가
쪽빛에 절인 명이나물 장아찌로
내어진 한 상 파도 소리 칠칠할 뿐이다
찰지게 우산도 돌아들어 감칠맛 드는가

김 성 배

- 시인
- 현 부천문인협회 부회장
- 전 (사)한국문인협회 편집차장
- (사)한국현대시인협회 사무국장 역임
- 2019 서울신문 신춘문예(시조) 당선
- 등대 · 해양 · 거제 · 포항 · 서귀포문학상 등 수상

노을 물감

김 수 자

석양의 물결위에
붉게 물든 노을이여

치열한 삶의 여정
어둠속 사라지고

남겨진
숫한 이야기들
갯바위의 몫이다.

억새 풀

김 수 자

소복소복 영그는
솔바람에 몸 흔들며

웃음 짓는 산허리에
새털구름 떠가면

풍성한
억새 춤사위
석양빛에 출렁인다.

억새풀 영글면서
갈바람에 흔들리어

새월의 끝 자락애
세찬 바람 휘 날리면

새하얀
억새 춤사위
노을강에 젖어드네.

천계천 백로

김 수 자

어디서 날아와서
사뿐히 내려 앉네

흐르는 물길따라
송어 떼 노려보다

콕 찍어
낚아 올린다
사냥꾼이 따로없네.

김 수 자

- 시와 수필 (시 등단), 한국시조협회 (시조등단)
- 영호남문학협회 이사, 부산문인협회 회원
- 한국문예작가회 자문위원, 한국수필문인협회 회원
- 담쟁이문학회 운영위원, 시니어행복연구소 원장
- 저서 : 제1시집 『살며 사랑하며 추억하며』
  　　　 제2시집 『황혼을 사유문싸하다』

신도시 빌립보 가는 길

김 순 찬

사람들이 모여든다
상류층 시민권자들
아시아로 가는 로마의 군인
금은과 철광의 개발업자
점령군의 통행하던 대로
거기는 황제의 도시 작은 로마

길가에 군인의 퇴색한 묘비석
병정의 명예를 아직 지켜내고 있다
성으로 가는 곳곳에 샘물터

회당 하나 없던 교만과 불신의 마을
오로지 성령의 인도뿐
이제 믿음의 소망이 피어난다

귀신 들린 환자 치료의 누명으로
토굴에 갇혀, 착고에 매여있다
그러나 그 속에서 복음의 열정으로
교회터가 되었다

길 따라 사람 따라간 바울의 길은
이제 물류가 범람하는 초일류 사회
첨단의 빠르고 편리한 사이버길
미디어로 지경을 확장해가고 있다

그 속은 동역자의 협동심
농어촌이 아니고 도시중심 선교
그곳에 지도자를 세워 책임자를 두었다
선교의 길은 벌써부터 군사용 산업용 대로였다
로마가 통치한 상류층이 살던 작은 로마의 행정도시로서
유럽 세계화 선교의 적지였음

함초

김 순 찬

짠물 속에서 태어나
눈물 얼룩진 갯벌에서
짭조름한 고통이
몸속 깊이 알알이 스며 있다.

불볕 갈대숲 아래에서
숨바꼭질하는 개구쟁이
바닷게들과 함께 자랐다

푸른 잎 하나 없이
비늘 조각 같은 몸뚱이로
태풍을 이겨낸다

소금꽃이 필 때까지
온몸으로 견뎌낸다

김 순 찬

- 시인
- 한국토지주택공사 임원 역임
- (사)기독교문학가협회 사무총장 겸 이사

바람을 그냥 놓아주자

김 순 희

바람을 잡으려 하지 마라
바람은 훨훨 날아야 사는 것
자는 바람은 허공이 아니란다

바람을 품고 싶지?
하지만 바람은
누구의 것도 아니란다

바람을 품으려다
발 밑 돌부리에 엎어지고
가시철망에 찢겨
빈 손 쳐다보며 눈물 뿌리기도 한단다

아이야
날아가는 바람 굳이 뒤쫓지 마라
그냥 제 갈길 가게 놓아주자

햇살 좋은 날

김 순 희

커튼을 젖힙니다
햇빛이 기다렸다는 듯
눈부시게 쏟아져 들어옵니다

마음 점점 가벼워지고
누군가에게 다정히
말 걸고 싶어집니다

희미하게
발소리가 들려오는 것 같고
재잘대며 웃는 소리
햇빛에 통통 튀는 듯합니다

아이들이 도착했는지
초인종 울립니다
종이가 먼저 달려갑니다
햇살도 따라 갑니다

언제 올까, 마음의 춘분

김 순 희

춘분 지났다고
꽃들 앞 다퉈 피어나고
까치는 봄 맞으라 불러대지만
마스크에 갇히고 외출제한 족쇄 찬 우리

코로나 재난방송에
쪼그라진 심장 더 쪼그라들고
종일 방에 갇힌 아이들
칭얼대는 소리만 웅웅댄다

우리들에겐
닫아건 창문 언제나 열게 될까
우중충한 마음
언제나 맑게 갤 수 있을까

뉴스시간에 들리는 어메이징 그레이스
왜 이다지 애잔하게 들릴까
제철 꽃들은 피고
새들은 지저귀는데

마스크 벗어 던지고
빨간 립스틱 얼굴
서로 맞대고 활짝 웃을 날
언제 올까
우리들 춘분은 언제 올까

김순희

- 서울 출생
- 이화여고, 이화여자대학교 국어국문학과 졸업
- 문학마을 신인작품상 수상으로 등단
- 시집으로 『내 꿈은 숫자가 없다』 『함께 있고 싶은 사람』 『우리 마주보고 웃자』 『햇살 좋은 날』 등이 있으며,
- 한국문인협회 회원. 한국크리스천 문인협회 임원
- 국제펜클럽 한국본부, 한국문인협회 회원.
- 영랑문학상 수상

미쁜 한가위

김 신 영

어제는 너의 어린 구름
그 언저리에 주의깊게 앉아 있었다
구름은 뭉게뭉게 하늘에 아름다운데
너의 눈은 슬프더니
구멍 난 마음처럼 나도 모르게
푸른 하늘에 눈물을 쏟아 놓았다
그런데 오늘
구름은 구멍을 모조리 메우고
산뜻한 보름달을 데려온다
보름달에는 구멍이 없으니
이제 너도나도 구멍이 없다
나는 오늘 보름달을 그린다
너를 가장 환하게 그린다
가볍고 온유한
미쁘고 찬란한
모든 구멍이 메워지고
하늘은 보름달로 꽉 차더니
빗자루를 타고 네가 지나간다

그발 강가

김 신 영

마음이 뻔뻔하고 굳은 사람을 만나고
말은 가시와 찔레와 함께 있어
전갈과 낙타와 함께 있어
나를 찌르고 물다가
또 향기를 뿌리고 사막을 건너다니
포로 5년이 제사보다 길고
예배당은 거리에 앉아 있고
두루마리를 선포하는 그발 강가에서
억센 찬 바람을 맞는다

처음부터 내가 입에 넣은 것은 두루마리 책
자욱자욱 향기나는 두루마리를 배에 넣으며
두루마리로 기름지게 창자에 채우며
이미 굳은 너의 이마는 지나가고
내 이마에 애굽에서의 글자를 쓴다
네가 듣든지 안 듣든지
생물들의 날개가 서로 부딪치는 소리
생물곁의 바퀴소리 크게 울리든지 안울리든지
격한 영혼을 헌걸차게 파고들든지 아니든지

우리는
빌런이 된 자, 그를 각 뜨고
강가에서 핏물을 씻고
두 손을 높이 든다

김 신 영

- 시인, 평론가, 중앙대 국문과 문학박사.
- 홍익대 등 외래교수 역임.
- 《동서문학》 신인상 1994 등단.
- 시집 : 『화려한 망사버섯의 정원』 (문학과지성사, 1996).
- 평론집 등 6권 출간, 전 기독시인학교 교장. 심
- 산재단 시문학상 수상.
- 이천문인협회 회장, 기독여성신문 지도자상
- 현, 《기독교문학가협회》 편집주간.

성탄 전야

김 완 수

쇼핑몰 여기저기에서는
가짜 산타들이
지갑을 열기 위해 방울 종을 흔든다

'메리 크리스마스' 전광판이 반짝이는
모텔과 여관의 붉은 입으로는
비틀거리는 젊은 남녀들이 들어간다

구세군이 종을 흔드는 지하철역 모퉁이에서는
엎드린 노숙자의 빨갛게 언 손이
지나가는 이들의 눈총에 바들바들 떤다

주점에서는 취객들이
예수를 안주 삼아 입에 올리고
웃음과 조롱의 반주에 맞춰
젓가락 장단을 친다

뒷골목 나이트클럽에서는
조명과 음악에 취한 남녀들이
술잔 앞에 자신을 제물로 내던진다

하늘에서는 예수의 눈물이 함박눈으로 쏟아지며
노숙자, 취객, 남녀노소 가리지 않고
어머니의 손길처럼 다가와 어루만진다

교회에서는 따뜻한 캐럴이 울려 퍼지며
사랑과 평화의 빛으로 온 땅을 감싸 안는다

눈물의 기도

김 완 수

오, 우주의 주인이시여
우크라이나와 팔레스타인 포성 한복판에서
죽어가는 이들의 비명이 고막을 울립니다

배가 고파 흙탕물을 마시며 울고 있는
아프리카의 뼈만 남은 아이들이
가슴을 산산조각으로 찢습니다

폐수와 쓰레기로 숨이 막혀
포효하는 바다와 고래들,
떠내려가는 빙하에 매달린 북극곰이
두 눈에 아른거립니다

권력에 눈먼, 일부 정치 지도자들은
전쟁의 불씨를 지피며
찢어지고 곪은 세상의 온갖 신음에 귀를 막고
정파 간 이익만 계산하며 싸움만 일삼으니
인류의 미래는 점점 깊은 어둠의 구렁텅이로 들어갑니다

오, 우주의 주인이시여
피 흘리는 대지를 되살리기 위해, 따뜻한 손길을 멈추지 마소서

절망의 그림자가 짙어지는 이 땅을 위해,
온 세계가 책임감을 가슴 깊이 새기며
함께 기도하게 하소서
그리고 희망의 새 별을 보여주시어
우리 모두 미소 짓는 세상을 건설하게 인도하소서

김완수

- 1993년 월간 《문학공간》 시 등단
- 외대 대학원 영문학 박사
- 시집 『미친 사랑의 포로』, 『대자연의 가르침』 등 다수
- 산문집 『10대에게 바치는 편지』(중학교 도덕2, 고등학교 생활과 윤리 교과서 수록)
- 황금찬시문학상, 타고르 기념 문학상 등 다수.

빈 그릇

김 춘 년

잘 빚어진 빈 그릇 하나
그 안에 무엇을 담을까?

하루,
열두 달,
삼백육십오일을
채우고 비우며 살아가는 인생.

담아내고,
다시 비우며,
그릇의 크기와 품격은
삶의 흔적을 말해 준다.

오늘도 나는 빈 그릇을 들고
소중한 하루를 담는다.
때로는 따뜻함을,
때로는 고요한 바람을.

그리고 다가올 내일을 위해
또다시 비워 낸다.

시장

김 춘 년

시장엔 온갖 냄새가 가득하다.
고소한 참기름 냄새,
비릿한 생선 냄새,
비 오는 날 퍼지는 치킨 냄새,
출출할 때 코끝을 간지럽히는 호떡 냄새.
돈 냄새, 사람 냄새,
그 모든 냄새가 시장 한가운데 모여든다.

시장엔 사람 사는 냄새가 있다.
생선을 파는 상인의 손끝에서도,
쫄깃한 꽈배기를 들고 웃는 아이의 얼굴에서도.
큰 목소리로 흥정을 하고,
큰 웃음으로 서로를 반긴다.

시장은 사람 사는 냄새로 가득하다.
그 냄새는 따뜻하고, 정겹다.
행복을 사고팔며,
삶의 이야기가 묻어나는 곳.
시장은 그렇게, 오늘도 웃는다.

까치집만 남았네

김 춘 년

쌀과 김치를 싣고
청주 아들네 집으로 가는 길.

폭설에 단풍은 자취를 감추고,
뼈만 남은 플라타너스는
초라한 모습으로
가로수의 자리를 지킨다.

넙적하던 이파리
빛바래 떨어지고,
앙상하게 드러난 가지 끝
덩그러니 남은
까치집 하나.

봄부터 땀 흘려 지은 농사,
청춘을 바쳐 온 세월,
단풍 곱게 물들 무렵
하나 둘 떠나보내고,
찬바람 몰아치니
덩그러니 남은 둥지.
우리네 삶이구나.

아들, 딸 새로운 둥지 찾아
텅 빈 둥지 허허벌판,
허탈한 마음에
가슴 저린다.

성장한 자식을 그리워하며
미련을 품는 부모 마음,
까치집에 닮아 있다.

"까치집만 남았네."
인생 절반을 함께 걸어온
남편의 한마디,
마음에 긴 여운을 남긴다.

김 춘 년

- 경북 안동 출생
- 광명문인협회, 한국문인협회 회원
- 경기도문인협회 공로상, 광명문인협회 공로상,
  광명문인협회 시장상, 광명문인협회대상(광명예총)
- 저서 : 『내일이 오면 또 오늘처럼』
- 동인지 : 광명문학, 교회엄니 외 다수

늦은 귀로(歸路)

김 현 권

어둠이 깔리는 저 먼 산발치에
긴 그림자로 드러누운 그리움에
망설이던 가슴 한가득 그러 안고
그대에게 애틋한 소식 전해 보니
아직도 먼 길 재촉하느라 바쁜 걸음

그대 망망한 눈동자가
동그라니 떠오르는 저 귀여운
달의 자태로 휘영청 떠올라
어느새 나를 애워싸고 애무하네
그리고는 달콤한 밀어로 속삭이네

그대 떠난 빈자리에 남겨진 기억을
정겨운 바램으로 씻어내리고
가까이서 멀리서 밀려오는 희망의 만남을
새로운 활기찬 시선으로 감싸며
그대 성급한 歸路를 기대하며 기다린다.

이제 위로하는 밤이 세상을 포옹하고
거리에 유영(遊泳)하던 군상들이
제자리로 흔적없이 사라지는 이 밤의 여로를
우리는 여행하리라
꿈의 반가운 초대를 받아서

겨울 연가

김 현 권

흐르는 강물 곁에 힘없이 누워 있는
네 영혼의 그림자들이 너를 밤새
거룩하게 감싸 안고 흐느끼고 있다.

마른 추위가 이처럼 심하게 몰아쳐
네 아픈 상처를 더욱 쓰라린 자그만
기억의 저편에서 애처로이 쓰다듬어 준다.

이 처음 맞는 외로운 겨울의 한가운데서
아무 것도 볼 수 없는 망각의 어둠 속에서
떠다니는 슬픔만이 달처럼 불쑥 떠오른다.

새봄에 오기로 약속했던 꽃들의 화려함도
가을의 문턱을 지나면서 퇴색해 버린 지금

바람에 매달려 윙윙 소리치며 흔들리는
네 갸날픈 웃음만이 싸늘한 귓전을 울린다.

김 현 권
- 서울문리대 졸업
- 동대학원 졸업(석박사)
- 파리 7대학 수학
- 경북대, 방송대 교수 역임

철조망으로 빚은 평화 십자가

김 홍 섭

분노를 미소로
미움을 사랑으로
좌절과 절망을 자각과 희망으로

칼을 쳐서 보습으로
총과 폭탄을 축제와 폭죽으로

분단 68년 그 긴 절망의 시간
분단 136년 두 형제의 아픔 두 배
그 두 배의 두 배 또 두 배

여기 미움의 상징 철조망을
분노와 절망의 그림자 철조망을
DMZ 갈라놓은 갈등과 저주의 응어리를 녹여

우리 아집과 파당과 이기심
우리 교만과 독선과 증오의 검은 탑을
용광로에 녹여 두드리고 펴서
평화의 십자가를 만든다

오랜 DMZ 철조망
우리 뜨거운 심장에서 정결한 눈물로 다시 빚은

이산(離散)과 눈물의 강
기다림 산 되어, 그리움 강물 되어
높아진 분단의 절벽 넘어

우리의 소망 평화와 통일
세계에 알리고 공감하는
이 땅의 평화

피는 눈물보다 진하다 말하지 말라
증오가 정의보다 강하다 말하지 말라

이제 화해하리, 다시 만나리
서로 목을 엇갈려 그려 안고
목놓아 울리

이제 노래하리, 온몸으로 춤추리
우리의 하나 된 평화의 봄을

옷자락이라도

김 홍 섭

이 슬픔이
이 아픔이
치유된다면

그의 성스러운 사랑으로
그의 깊은 자비로

나의 아픔이 슬픔이
나의 더러움이
깨끗해진다면

지난 나의 교만과 오욕으로 생긴
생채기 흔적들 고쳐진다면

옷자락이라도
옷자락의 끝이라도
옷의 그림자라도 만질 수 있다면

발자국이라도
옷자락 스친 바람이라도
그림자라도

자유케 하시리니
날 자유케 하리니

내 아픔
내 원한 치유하리니
내 슬픔 자유케 하리니

마침내 사랑하리니

김 홍 섭

- 건군 34주년 (1982년) 기념 전우신문 시 당선
- 문학세계 신인상 등단
- 한국시인협회 회원, 인천YMCA이사장, 인천대 명예 교수
- 한국시인협회 회원, 인천YMCA이사장, 인천대 명예 교수
- (사)기독교문학가협회 운영이사
- 시집 : 『오후의 한 때가 오거든 그대여』 『기다림이 힘이다』
  『나는 어떻게 물들고 있을까』

수락산 편

나 은 순

울창한 숲속
가을 산 단풍이
햇살에 눈 부시다

돌 틈 사이 물가에
다람쥐 꼬리 흔들며
뭇사람 발길을 유혹한다

새들의 노랫소리
귓가에 간질이며
바람 따라 날아간다

독수리처럼

나 은 순

꿈을 꾸어라
그리고
날개를 펴라

높은 하늘을 향해
한마리
독수리처럼

높이 더 높이

꿈을 이룰 때 까지
바람타고 구름위를
날아가거라

나 은 순

- 별빛문학 시 부문 등단
- 사랑제일교회 권사

홍해의 기적

박 문 순

주께서
야곱의 자손을 속량하사
바다가
주를 보고 놀라며

깊음이 진동하여 갈라지고
구름이 물을 쏟음같이
궁창이
화살처럼 날아가네

우렛소리
번개가 천지를 비추니
땅이 흔들리며
바다가 길을 내고

애굽의 발자취를 감추사
주의 백성을
양 떼 몰듯이
품어 인도 하셨도다

멈출 수 없는 길

박 문 순

물이 바다 덮음 같이
주님의 오묘한 섭리에
구원의 행보 멈출 수 없어

성령께서 내길 인도 하시오니
마음의 고백과
잃었던 믿음이 회복되네

내 심령에
밝은 빛 비춰주시고
영의 양식으로 충만케 하사

우둔한 나를 지혜롭게 하시고
어두운 눈 밝혀 주시며
영혼까지 정결케 하시네

박 문 순

- 사)계간(화백문학) 시부문 등단
- 한국 크리스쳔 문학가협회 회원

기억해줘요

박애란

노란 가을엔
첼로를 배우고
성악을 배우고
윤동주를 배우자 하네요
하지만 나는
그대를 배우고 싶어요

기억해줘요
내 삶 마치는 그날까지
그대를 배우고 싶어하는
내가
여기 있다는 것을

꽃씨

박 애 란

나 죽거든
무덤에
꽃씨 하나 넣어주세요
그대가 그리울 때
꽃이 되어 나타나게요

예수

박 애 란

망치가
호령하자
부러진 못이
굴러다닌다

별이
눈물을 떨구자
메마른 계곡에
물이 흐른다

사막에
꽃이 핀다

박 애 란

- 국제신학대학원대학교 M.DIV
- 하늘향기선교센터 대표
- 현)쉴만한물가회 회원
- 현)한국신문학회 회원
- 저자 : 『시처럼 살기로 했다』
- 공저 : 『저랑 커피 한 잔 하실래요?』

믿음의 존재

백 옥 선

새벽 바다에 나갔다
여명의 바다가 부글부글 끓어오르고
불끈 솟구치는 해
환호성을 지르며 맞이한다

넓은 세상을 밝혀 주며
세상을 아름답게 장식하는
장엄한 의식

파도 소리에 맞춰 모래사장을 거닐며
바다와 해가 만들어낸 장관에
새로운 아침이 힘차다

고성 일대 견문에 나선 길
이승만 김일성 별장 둘러보고
그때를 생각해 봤어도
이만큼의 감격은 없었다

맛집을 찾아 식사를 하고
곱고 귀한 추억을 쌓으며
꿈길 걷듯 했어도

자연의 섭리에는 못 미치는 여행

복된 삶을 유지하며 생명 다하는 날까지
이 감격 간직하고 살 수 있을까
앞날을 지켜주고 고운 꿈 펼쳐 주실
그 임의 존재를 믿는다

비둘기

백 옥 선

비둘기 한 쌍 졸졸 따라온다
뒤뚱뒤뚱 걷는 앙증맞은 모습
공원 숲을 차지한 평화의 새

쓰다듬어 주고 싶어 손 내밀면
푸드덕 날아가 버린다
손바닥 펴 흩뿌리는 시늉을 하자
어디서 별안간 떼로 몰려온다

모이 찾다가 없으니
괜히 난처하여 다음에 먹을 걸 가져오마
속삭여 주었다

예쁘다고 함부로 부르면 안 되겠다
평화의 새를 속여 미안
말 못 하는 조류지만
손짓 발짓에 민감하다

백 옥 선

- 충남 홍성 출생
- 전국 무궁화 축제 시부문수상
- 계간 가온문학 신인상, 문학과 비평 작품상
- 아주문학 회장, 한국문인협회, 아카데미문학과비평
- 경기문인협회, 가온문학 회원

친구

서 성 철

길가에 널부러진 노오란 나뭇잎들
얼마 전 초록빛깔 무성한 은행들이
어느새 잎사귀 모두 이렇게나 변했나

바쁘게 정신없이 열심히 달리느라
옆에 선 당신 얼굴 제대로 못 봤는데
이제사 가만히 보니 너무 많이 변했네

흰머리 히끗해도 입가엔 엷은 미소
한번씩 화내어도 싫어지지 않게되니
조금씩 우리는 곱게 익어가고 있네요

종치던 아이

서 성 철

내 나이 서너 살 때 아빠는 매일매일
새벽예배 삼십 분 전 교회 종을 치셨다
온 동네 땡그랑 땡 땡 새벽잠을 깨운다

아버지가 종 치려고 조용조용 일어나면
나도 따라 나가서 종 줄을 잡으니
올랐다 내렸다 하는 종 치기 넘 재밌다.

장난삼아 종 치기 좋아했던 그 아이가
지금은 뭇 심령들 깨우치는 목사 되어
신실한 주의 종으로 생명 사역 다 한다

서 성 철

- 공주시, 새소망우리교회 목사
- 백석대학교 기독교 문학박사 (Ph.d.)
- 연세대학교 정치외교학 및 동대학원 졸업 (정치학 석사),
- 공주시 상록수문학관 대표, 작은도서관 대표, 시조시인,
- 2023년 「화백문학」 시조시인 신인상,
- 2021년 「문학과 비평」 신인상, 아동시인
- 2018년 「아동문학세상」 신인상

찻잔에 담은 사랑

안 병 민

청자빛
찻잔에
순백의 사랑
동동 띄우고

사랑은
윤슬처럼

한치
밀려오는데

한치
쓸려가는데

이제
찻잔 속
순백의 사랑

영원히
품어갈
내 사랑!

무궁화

안 병 민

오천년 역사를
무궁화 꽃술에 담아
백두에서 한라까지

팔도강산에
오천만 가슴속에
겨레의 혼 살려

육이오의
공산군에도 당당하게
조국을 지켜준 무궁화다

그대는 월드컵 4강
오―필승 코리아로
하나될 때에는

세계인의 앞에서
태극기 휘날리며
만세를 불렀다

밤새 이슬 젖은
흰색의 단아함은
백의민족의 모태요

보라색의 그윽함은
따뜻한 가슴과 같은
우리나라 국화 무궁화

오늘도 가로등
아래서 밤잠을 잊은채
나라사랑 일편단심이다.

안 병 민

- 경남 함양, 경영학박사, 전 배재대학교 겸임교수
- 인터넷함양신문초대시인, 연안문학회 부회장
- 월간문학공간신인상수상, 한국문인협회 회원
- 한국시인연대 사화집발간동인
- 시집: 『포기하지 않은 꿈』

잠들 수 없습니다

유승우

바다가 잠들지 못하면 파도가 됩니다.

파도는 밤이 깊어도 잠들 수 없습니다.

나의 삶도 잠 못 드는 밤이 많습니다.

잠든 바다보다 파도가 되고 싶습니다.

영원히 잠들 날이 다가오기 때문입니다.

드라마

유 승 우

드라마를 보면서 그 결말을 상상해 봅니다.
전연 알 수가 없습니다.
나의 내일, 아니 일 년이나 십년 뒤에
나는 어떻게 될까.
전연 상상이 안 됩니다.
그때까지 내가 이 세상에 있기나 할까?
그래서 드라마를 보는 것처럼, 나의 삶이
날마다 재미있고, 가슴이 두근거립니다.
모르고 사는 것이 기다리는 재미입니다.

유 승 우

- 본명-유윤식, 호-한숲
- 현대문학지로 등단(1966년, 박목월 추천).
- 사)한국현대시인협회 이사장 역임.
- 사)한국기독교문인협회 이사장 역임.
- 사)한국문인협회 자문위원(현). 사)국제펜한국본부 고문(현).
- 수상: 경희문학상. 후광문학상. 한국기독교문화예술대상. 창조문예문학상. 심연수문학상. 상록수문예대상.
- 시집-바람변주곡. 나비야 나비야. 그리움 반짝이는 등불 하나 켜 들고. 달빛연구. 물에는 뼈가 없습니다. 숲의나라. 노래와 춤등 11권.
- 저서: 한글시론. 몸의 시학 등 5권.
- 자서전: 『시인 유승우』 출간.

이방인

유 영 애

여름 조각 흩어진
경기 끝난 운동장
침울한 표정 끌어안고
홀로 선다

솔숲 사이로
군무하는 학
부러운 눈빛으로 다가서다가
고개 떨군 채 멈춘다

시간은 흘러가는데
할 말은 동그라미만 그리다가 돌아선다
허허로운 들길 돌아
쭈그린 마음으로 투정하는데
개성이라 한다

시각이 다르다는 것
조각이 남아있다는 것
처음 의미 새기며
빛의 밝기 높여 본다

바람 소리

유 영 애

차진 흙 주무르다가
바람을 만났다

광활한 벌판 가로지르던 바람 소리
흙은 햇살로 짠
삶을 빚는다

내 안에 들어와
나를 흔드는 혼불

나는 빗살무늬로 태어나
작은 물보라 일으키는
그 바람이고 싶다

유 영 애

- 인천대학교 교육대학원 졸업
- 한국문인협회 낭송문화위원회 감사
- 에피포도예술인회 한국지회장(미국본부)
- 시와 음악포럼 사무총장
- 갯벌작가상, 부총리 겸 교육부장관상 수상
- 대한민국 황조근정훈장 수훈
- 아름다운예술가곡 1집 외 다수
- 인천검암유치원장으로 정년퇴임

비겐 뒤

윤윤근

무거운 비 먹은 구름
작은 뒷산이라도 힘들게 넘어갈 때
먼 곳 붉은 수수밭 바람에 흔들린다

후드득 빗줄기 산 둑을 튀어 온다
아침부터 울던 매미 소리가 멀어진다

개울은 기다렸다는 듯
이끼긴 돌들을 쓰다듬고
골마다 담아 둔 사연을 흘려보낸다

작은 소란도 잠잠히 그치고
소나무 숲 사이로 빛이 든다
솔잎 한 잎 한 잎 따갑게 빗줄기 털어내며
내게 꽂힌다.

그 한 사람 소낙비처럼
나를 흔들다 산을 넘어간다
솔잎처럼 푸르게 가슴을 찌르고
그 사람도 산안개처럼 사라진다.

애추

윤윤근

동해의 거센 파도
홀로 맞아들인 바위섬 자락
널 퍼진 너덜로 까칠하다

찢어진 검은 가슴끼리
비비며 구르다 오그라든
구멍 난 검은 입들은 말이 없다

괴불나무도 섬시호도 붙어사는
흙으로 풀어지리라
넓은 잎 사철 곰솔 밑에
노랑턱멧새 알락할미새가 쪼는
어머니의 가슴 같은
따뜻한 흙 한 줌 내어주리라

기어코 먼 바다도 쉬고 가는
서글퍼도 싱그럽게 푸른 땅
독도의 애추는 오늘도 꿈꾼다.

* 애추 : 급경사 진 낭떠러지 밑이나 산기슭에 풍화작용으로 암석 조각이
　　　 굴러떨어져 생긴 퇴적물
* 너덜 : 돌이 많이 흩어져 깔려있는 비탈
* 독도 서도 자락엔 애추 너덜이 있다.

윤윤근

- 청일문학(시 등단) . 하나로 선 사상과 문학 (동화등단),
- 세계시인협회 이사. 사상과문학 운영우 원장
- 세문협(한국기독교작가회) 감사,
- 평통예모 문학분과 위원장(DMZ문학 더표). 한국문인협회 회원
- 복사골 시낭송예술단 운영위원장
- 강남중앙침례교 수석부목사
- 시집 : 『소금 한줌의 평화』 『머물곳이 있는 여행』
- 동화 : 『찰스토마토 이야기』
- 번역집 : 스트롱맨

오로라

윤 춘 식

주위는 초록
다슬기 차림으로 불타오르고
나는 하얀 설원 위에 춤추는
따뜻한 복사꽃을 보았다

폭풍 속에 날아온 학鶴
족두리처럼 너울거리는
천사들의 영혼
완벽한 어둠을 몰아내고
꼭두새벽 이전에야 승전가
높이 부르는
불 수레의 목소릴 듣는다

더 잃을 것이 없는
경이로운 회상이여
그것은
신선한 공기와 숯불이
타고 있는 그대의 눈빛이었다

태양에서 들려오는
돌개바람과 작은 빛의 약속
우리는 영원한 하나

윤 춘 식

- 목사, 문학평론가
- 아신대학교(ACTS) 선교학 교수
- 현, GMTI 선교교육원장

소금꽃 이야기

이 소 연

염전에 말없이 피는 꽃을 보거든
사랑에 대하여 말하지 말라
햇빛과 바람으로만 피는 꽃
오래 두어도 변하지 않는 침묵의 무게를 달아보라

뙤약볕에 졸아드는 파도 알갱이
수차에 몸을 실어 찰싹찰싹 아픔을 달래더니
소금꽃, 씨앗처럼 여물었다

바닷물 부드러운 출렁임 속에
이렇게 뼈있는 말 들어 있을 줄이야
끝까지 바다이기를 고집하지 않고
때를 알아 기꺼이 자신을 내어 주는
물의 환희를 보라

죽음으로 거듭난 보석 한 줌,
내일은 또 뉘와 더불어 따뜻한 눈물이 될까?

건반 위의 환상곡

이 소 연

"나는 알파(A)와 오메가(Ω)요,
처음과 마지막이요, 시작과 마침이라"(계 22:13)

도레미파솔라시도 음계마다 하나님 사랑 놀라운 은총뿐이네
레퍼토리가 귀에 익은 성가곡 은혜와 감동 단비 같아
미래적 현실로 다가온 노래의 날개 위 주바라기 되네
파도는 졸거나 잠들지 않는 쉼표 없는 악보라
솔밭 사잇길 지나 활짝 핀 구절초 바람에 흔들릴 때
라라라 새들도 즐거이 연주하는 공중정원 하늘 악기점
시인의 바다는 건반 위에 환희를 노래하는 삶의 오페라
도에서 도까지 음계 순환 속에 천국으로 가는 계단 있네

Amazing Grace! 나 불꽃같은 시의 언어로 주를 찬양하네

이 소 연

- 아호는 瑞河
- (사)한국문인협회
- 현) 한국문학예술 주간
- 동서문학상 동시부문 수상, 겨자씨예술제 시부문 국내 작가상
- 샘문학상 수상
- 시집 [건반 위의 바다] 외 3권 그 外 다수의 공저
- 음반 〈건반 위의 바다〉 개인 독집 / 주요 가곡으로 한민족 서사시, 겨울 안부, 단풍잎 우체통, 아리수 연가, 불은 타오를 때만 꽃이 된다 외 100여 곡

가슴으로 피어나는 꽃

이 영 희

향기로운 꽃들에
내 마음 설레며,
뜨거운 가슴으로
그리움 담고 사는 나는
한 줄의 글귀에 위로받으며,
건강한 모습으로
지난 추억을 회상하며,
그네 타듯 설레는 마음으로
그대 생각하는 아침입니다.

이슬을 머금고 꽃향기 피우는
한 떨기 꽃의 화려한 숨결처럼
가슴으로 그대를 담습니다.

그대 생각으로 마음을 열면
쏟아지는 그리움도
피어나는 꽃처럼 당신이니까요

그리움

이 영 희

들리시나요?
가을 향기 솔솔
불어오는 솔바람 사이로
그대를 그리워하며
수줍은 코스모스처럼
나약해진 내 모습을
보시나요?
그렇게 잔잔하게
밀려오는 그리움 속으로
나는 안겨 가요
그대의 사랑으로
모든 것을 품고
견디고 이겨낼 수 있는
힘을 내게 주소서!

이 영 희

- 안성문인협회 자문, 청암 문학작가협회 회원
- 2020년[문학세계], [시세계 등단]
- 수상 : 봉암문학 문학상 수상
  해피트리오 국민행복 여울문학 수필상 수상
  해피트리오 국민행복여울문학 여울 시 문학상 수상
  대한민국글로벌리더 대상 수상 등 다수
- 저서 : 수필집 : 『호수위로 흐르는 사랑』 『별과 달과 당신과』
  시집 : 『사랑의 편지』 『사랑의 기쁨』 『사랑의 목소리』
  『그대 먼 곳에』 등

평화의 거리

이 오 장

눈송이를 쫓던 아이가
화살나무 가지에 부딪쳤다
떨어지는 화살 깃이
늙은 호박이 진열된 시장 폿대를 스치고
횡단보도 흰색 줄에 그네를 탄다
쫓는 걸음과 쫓기는 눈송이의 겨룸
산책길 걸음들이 보도블록에 미끄러져
녹아내린 눈물의 흐름을 막는다
길게 이어진 새 발자국
쫓아간 고양이는 발톱 자국 남기지 않아
밤새 내린 함박눈이 평화였다
잔디밭 눈사람의 미소에
욱신거리는 관절 마디가 따라 웃는다
미끄럼 위에 웃음, 웃음 아래 눈밭
색칠하지 못한 눈사람 눈썹에
솔잎 몇 가닥 꽂아놓고
쥐똥나무 열매로 박은 눈동자
눈송이 쫓던 아이가 웃고
늙은 호박이 붉은 웃음 짓는 시장 입구
공원에서부터 길가에 펄럭이던
경쟁의 구호가 눈에 덮였다

참회

이 오 장

성경을 읽다가
무섭게 흐르는 식은땀 닦으러
버드나무 아래 작은 연못을 찾았다
입 벌린 잉어 떼에게
아무것도 주지 못했다
주머니에 빵부스러기를 넣고
다시 들리려다 깜박 잊고 말았다
또다시 함박눈 날리는 날
가늘게 흔들리는 버들가지를 보고
잉어들은 그대로 있을까
하 궁금하여 찾아간 연못
변함없이 입 벌리고 몰려드는 잉어들
주머니에 손 넣어보니
아뿔싸 겨울옷으로 갈아입고
혼자 따뜻했다

이 오 장

- 《믿음의 문학》으로 등단, 한국문인협회, 국제PEN한국본부 이사
- 한국현대시인협회 부이사장 역임
- 부천문인회 고문, 한국NGO신문 신춘문예 운영위원장
- 제5회 전영택문학상, 제36회 시문학상 등 수상
- 시집: 『왕릉』 『고라실의 안과 밖』 『천관녀의 달』 『99인의 자화상』 『은행꽃』 등 21권. · 평론집: 『언어의 광합성, 창의적 언어』 시평집: 『시의 향기를 찾아서』

야생화(野生花)

이 옥 규

그립다 고향의 봄 넉넉한 들꽃처럼
한가로이 머무는 푸르름의 들녘에는
알뜰이 아담하게 피어나는 야생화는 정이들어

오 가는 길손들의 사랑을 받아가며
곱게도 피었어라 고향의 길벗이여
향수를 달래 주는 구나 부담 없는 들꽃 들

바람이 부는 대로 흔들리는 꽃잎은
서로가 속삭이며 정든 노래 부른다
서민들 동무가 되어 주는 허물없는 야생화

망년회

이 옥 규

달랑 남은 달력에 송년회 회식 메모
여기서 오라하고 저기서 오라하네
어디를 먼저 갈거나 망설임에 초조하다

실향민 친구가 고향 음식 먹고 싶어
낙원동 송해 길 능라 밥상 식당에
모였다 반가운 얼굴들 평양냉면 맛깔난다

꼬부라진 손에다 소주잔 높이들고
즐거움의 한마당 흥이 나서 춤춘다
건배를 우리모두 다함께 건강을 위하여

이 옥 규
- 전북 고창 출생
- 2019년 〈문학시대〉 시조부문 신인상 당선
- 한국 문인협회 회원, 한국 시조시인협회 회원
- 마포문협 부회장, 성산문학 아카데미 회장
- '성산문학 3집, 4집, 5집 공저
- 시조집:『광야에서 외치다』,『광야에 꽃이 피다』,『광야에서』,
  『오늘을 살고 있다』,『석양은 아름다원』

에덴의 동산

이 용 덕

하나님 주신 축복의 동산에서
왜 헛된 것에 탐을 내는가

보암직도 하고 먹음직도 한 욕구로
나 하나님을 잊었는가

십자가로 찾아와 주신 사랑의 하나님

나의 허물을 씻어 주소서
내가 주님을 사랑 하나이다

동심

이 용 덕

구름 하얀 이 포근하게 느껴 보일 땐
옛 고향 할머니 곁에 눕고 싶어진다

하얀 솜 이불을 예쁜 꽃잎 천으로 만들어
따뜻한 이불을 덮어주시던 할머니
귓전에 옛날이야기가 들려온다

이 용 덕

- 평택대학교 전) 총동문회 회장
- 문예사조 시인, 수필가 등단
- 사회복지법인 명신원 전) 대표이사, 대통령 표창장
- 한국 민족문학가 협회 전) 총재
- 크리스찬문학가 협회 전) 운영이사
- 신풍 감리교회 원로장로

바람의 문장

이 원 숙

눈부신 첫 문장이 호수 위로 떠 올랐다
윤슬의 눈동자가 반짝인다
숨에 와닿으면 휘이 불어와 결이 생겼다
낱말과 낱말이 닿는 곳마다 물들어 간다
너럭바위로 굳어지거나 억새밭으로 휘어지는 행간
상현달이 걸어가고 자음과 모음으로 쓰인 풀잎이 출렁인다
바람으로 압축된 구절들은 부러지지 않기 위해 흔들렸다
포개진 단풍나무들이 바탕화면으로 차곡차곡 쌓여간다
닳고 닳아서 깨달아지는 글자
흐린 단어를 쏟아내면 빗방울이 허공을 받아 적었다
얽힌 잎맥이 열리고 막혀있던 행간이 맑아졌다
여우볕이 줄을 긋고 지나갈 때 왜곡된 문장도 사라졌다
바닥을 치고 일어서는 문장
허공에서 허공으로 밀려 올라가 닻별이 되었다
공간과 공간을 이어주는 통로, 빙점을 만드는 문자의 온도
여백 너머 붉은 잎이 노을로 진다
어디에서 시작되었다가 어디로 돌아가는 것일까
온몸을 흔들어 놓고 걸어가는 붉고 마른 문장
별빛으로 비추면 얇아지고 바스락거리는 층
바람의 은유가 번지고 있다
한순간에 빛처럼 날아오르는 문장을 보았다

식물원에 관한 몇 가지 이정표

이 원 숙

유리의 집은 달궈지고 있다 뜨거워진 꽃잎이 단순하고 느리게 볼을 붉힌다 직진하지 마세요 잃어버린 시간이 여행을 떠났으나 추억은 헝클어졌다 구부러지고 빗나간 말의 최후가 길어질수록 직진이 불가능한 덤불에는 둥근 말들이 뒹굴고 당신의 언어는 자라지 못했다 차라리 그곳은 완고, 급강하는 벽을 오르는 넝쿨의 손이 가늘다는 걸 알다니 익숙하고도 낯선 벽에 갇힌 심장이 두근거리는 희망이라니 그만 그늘을 말리고 밝게 돌아가세요 포플러 잎은 무성한 말을 쏟아내고 앞길을 막아서고 날카로운 말은 심장 어딘가에서 계속 넓어지고 있다 엄마는 어린 시절을 어디에 두었을까 새로운 어머니들과 길들여진 동생이 태어났다 웅크릴수록 짙어지는 허브들 캐모마일 재스민 일랑일랑 이름을 부를수록 기억이 가물거리는, 나의 유년은 팽창하는 법을 몰랐다 실마리가 그늘에 얼룩졌다 공정한 기억은 야자나무 그늘 한쪽으로 우거진다 흔들린다는 착각에 빠진 건 중독된 꽃이 선입견 속에서 자랐기 때문, 문득 어린 왕자가 보낸 한 송이 장미를 보았다 「순간포착 금물, 일방통행 하지 마세요」 목마른 선인장은 길게 집을 지었지만 꼬리가 잘렸다 사과하지 않은 말에서 가시가 돋았다 소문처럼 퍼지던 가시에서 꽃이 핀다 꽃이 「시속 3km 굴절 구간, 감각적으로 걸어가세요」 계절은 하나, 생존하는 꽃이었다 열매였다 나무였다 유연하게 구부러진 구간을 휘청거리며 걸어가는 가족 무늬만 같았다 나무새가 붉은 잎으로 변하고 베르사유 궁에는 아네모네가 열꽃처럼 피었다 아직도 다 자라지 못한 나의 유년은 지극히 회화적이었던 것 열대성을 고집하는 습성이 낭만 장르라는 그런, 머리 위에는 스카이뷰, 「한 방향에 집중하지 마세요 즐기세요」

이 원 숙

- 1969년 충북 괴산 출생,
- 2012년 국민일보 신춘문예 등단
- 공동시집 : 『빛에 궁굴려진 계명』『너에게로 건너가는 시간』
  『초록을 읽다』
- 국민일보 신춘문예회

옥합을 깨뜨려

장 헌 일

내가 옳고 당신은 틀렸습니다.
나는 괜찮고 당신은 안됩니다.
내가 할테니 당신은 양보하세요.
당신 것보다 내 것이 더 소중합니다.
이 모든 것은 당신 탓입니다.

사악한 말들을 내뱉고
모두가 내 것인 양
움켜잡은 두 손과
탐욕스런 심보에
가득채운 죄악의 덩어리들

하지만
우리는 처음부터 가진 것이 없었습니다.
그래서
주님 부르시면 가져갈 것도 없습니다.

당신 말이 옳고 내가 틀린 것 같습니다.
당신이 더 먼저 택하시면 내가 나중에 하겠습니다.
당신이 아니라 제 탓입니다.

주님의 길 따라

장 헌 일

암울하고 어둡기만 했던
그때나 지금이나

길목에 서서
갈바를 알지 못하고
헤메는 사람들 사이에

한줄기 빛으로
비춰주신
그 사랑
그 따스함에

이 추위
함께 견뎌보자고
우리 모두가
왕같은 제사장이라고

그러니 그만 미워하고
서로 손에 손 맞잡고
그분이 가신 그 길을
따라가자고

성령의 바람에 전합니다.

장 헌 일

- 신생명나무교회 담임목사/행정학 박사
- 명지대학교 객원교수(전)
- (사) 기독교문학가협회 부회장
- (사) 월드뷰티핸즈 이사장
- (사) 한국기독문화예술인총연합회 상임이사
- (사) 대한민국 국가조찬기도회 사무총장(전)
- 대한민국 국회조찬기도회 지도위원
- 한국공공정책개발연구원 원장

베른 성당의 촛불

정 근 옥

눈 내리는 어느 날 나무들이 잠들 때
부활을 증언하는 막달라 마리아가
촛불을 켜고 경건히 기도를 올리고 있다

떠나보낸 마음이 아리고 아플 때마다
밤바다에 떠오르는 달 하나,

까맣게 잊고 있던 낯선 하늘에서
가만히 나를 내려다본다

텅 빈 가슴에 마지막 남아있는
그리움의 까만 심지를 태워 하늘에 날려 보내고,

번뇌를 태우던 촛불이 흔들릴 때마다
명종처럼 마음 한가운델 비우고 바람 앞에 선다

바람에 울리는 낮은음의 종소리 들으며
강물처럼 모든 걸 바다에 흘려보내고
어둠이 짙을수록 빛나는 별들을 바라본다

우주, 그 불멸의 시(詩)

정 근 옥

우주는 해가 갈 길을 비워 놓고
별들의 길도 비워 놓으며 공(空)을 만든다

텅 빈 하늘에 별이 뜨고
꽃이 바람에 흔들거리는 우주의 텃밭

벌이 윙윙거리며 꽃잎에 앉으면
언어는 시가 되고 음악이 된다

하늘에 뭔가 가득 채워져 있으면 우주가 아니다,
비워진 마음의 울림이 있어야 우주다

우주는 구름처럼 가야 할 곳을 가리지 않고
바람 따라갈 길 가리지 않고 돌고 돈다

정근옥

- 시인, 문학비평가, 문학박사
- 국제펜한국본부 감사, 한국현대시인협회 지도위원(부이사장)
- 서울교원문학회장, 상계고교장(역), '시와함께' 주간
- 대한교육신문 논설위원, 중앙대문인회 부회장
- 한국현대시인상 수상 외
- 시집 : 『순례길 풍경화』『수도원 밖의 새들』『인연송』
  『겨울 속의 숲』 외
- 평론집 : 『조지훈 시연구』 외
- 한국현대시인상, 신문예문학대상 외 수상

까치밥

정 태 광

여름 불볕에
땅속 깊은 물 길어
주렁주렁 맺은
튼실한 푸른 감.

가을 햇살에 곱게 익혀
주인에게 모두 주고
높은 가지에서
파란 하늘 보며
대롱대롱 매달린
빨간 까치밥.

주린 배 움켜잡고
푸득 푸드덕 날아들며
가슴을 쪼아대는
까치에게
자기 몸을 내어주는 까치밥.

메마른 인생길
걸어가는 사람에게
아름다운 삶의 모습 보인
자기희생의 까치밥.

동행同行

정 태 광

빛 따라
걷는 발자국
빛과 그림자!
하늘은 높고
바다는 넓다.

바다에
비바람이 불거나
연못에 작은
물 이랑에도
나의 그림자는
거기에 있었다.

땅은 하늘의 그림자
바다는 땅의 그림자
썰물은 밀물의 그림자
썰물에 갯벌이 드러나듯
보이는 것은
보이지 않는 것들의 그림자.

나를 보자
정든 임의
얼굴을 보자.

정 태 광

- 보국훈장 삼일장
- 안중근 홍보대사
- 광명교회 은퇴장로
- 건국대학교 행정대학원석사
- 한국크리스찬문인협회 등단 및 이사
- 한겨레 역사문학 연구회 이사
- 2021년 일일명예광명시장
- 사) 기독문협 운영이사

추수(秋收)

정 호 영

늦여름 산골 마을 고추밭에서
80 노모 주름진 얼굴에 웃음이 핀다

"지난여름 장마에도 태풍에도 피해 하나 없네.
하나님 감사합니다. 감사합니다.
고추 하나 자라더니 오십 배도 넘게 열렸네
이 얼마나 놀라운 축복인가요?"

아들이 입을 열었다

"오십 배가 아니에요…
씨 하나에 한 나무니 오십에 수십 배를 더해야 해요…"

노모가 말한다

"그러네…
고추 한 개에 씨가 몇 갠지는 세어본 적이 없었네….
천배는 더 되겠구나!"

"정말 그러네….
한 해 동안 받은 복도 세어보질 못했구나
한평생 받은 복은 측량조차 못 하겠네…."

봄 내린 찻집

정 호 영

청계산 산자락 고요한 찻집에
찻 향기 그윽한 봄 내린 오후
꽃 나무 한 그루 노랗게 피었다

거친 세파에 눈 어두운 욕심 내려놓고
고요한 차 한 잔에 빈 마음 마주하면
생이란 이토록 눈부시게 아름다운데

아득히

태고의 순수함을 잊어버린 나그네는
주름진 이마에 어느덧 눈 서리는 내리는데
이제사 돌아보니 이런 것이 섭리인가요?,

정 호 영

- 사단법인 나눔플러스 운영위원 및 실행위원 역임
- 범아시아아프리카대학협의회(PAUA 공동사무국장역임)
- (현)세계항공선교재단(WAM FUNDATION) 설립자겸 재단이사장
- (현)다음세대를 위한 4/14 window 한국연합 실행위원
- (현)국제교류봉사재단(IESF) 회장으로 재직 중
- (현)필리핀 BINGAWAN WORLD MISSION SENTER 부대표
- (현)대한예수교장로회(합동) 목사
- (현)서라벌문인협회 회원, (현)세계기독교문학가협회 임원

존엄사의 진실

조 성 호

숨을 한 번 내쉬고 사는 것
언제부터 그리 어려운 일이 되었는지
말라비틀어진 뱃골에 달린
가느다란 숨결
산소 호흡기를 탯줄처럼 달고 있다

날마다 마주하던 해와 달
스위치 켜고 내리면 나가고 들어오는 전등처럼
쉬이 교대하는데
아직도 무엇이 남아있어
저리도 사지(四肢) 붙들고 놓아주지 않는 가

희노애락(喜怒哀樂)을 향유했던 시간은
끈이 끊어져
별똥별처럼 지려하는데
삶과 죽음의 문턱은
꼬리가 끊긴 도마뱀처럼
언제나 어디서나 치열하다

목화

조 성 호

선택의 폭이 좁아질 때 택한 길
마침표를 찍기 어려워
하루하루 허락된 시간의 좌표는
하얗게 덧칠해 진다

피 땀 흘려 쌓아 온 공든 탑
서둘러 허물고 싶지만
알 수 없는 가지 끝에
수행자처럼 매달려 있다.

출구가 어딘가 모를 것들
마주치는 모든 것에
습관처럼 안녕하다보면
망설임 없이 끝낼 수 있을까

호스피스 병동

조 성 호

열대야로 온몸 불사르던
쉬이 가지 못한 여름 끄트머리 즈음
누군가 가꾼 길가의 작은 교회 화단에
때 아닌 폭설이 내려앉았다

뜨거움을 추억할 가을을 향해
소리 없이 빠르게 지나가는 길손에게
돌아오지 못할 기다림은
참다 참다 하얗게 터졌다

새색시 둥지에 깔리던 솜이불마냥
따뜻한 솜바지 솜저고리처럼
제일 예쁘고 보드라운 구름으로
엉거주춤 걸터앉았다

조 성 호

- 창조문학 시등단(2002)
- 현 총신문학회장
- 드림숲교회 담임목사
- 창조문학대상 수상
- 시집 : 『침묵을 노래하는 악기』
  『바람에도 마음이 있다』

수 필

고산지 김태호 김화인
도한호 박경민 박 하
유광조 전용환 최숙미

순례(巡禮)

고 산 지

"우리의 몸을 구성하는 모든 원소는 원래는 우주가 탄생할 때 빅뱅의 결과로 생성된 수소와 헬륨이라는 두 원소에서 전환되었다. 별이 생기면서, 별의 중심부 깊숙한 곳에서 발생한 강열한 핵융합으로 인해 수소와 헬륨이 생겨났고, 이들이 다양한 원소들로 바뀐 것이다. 우리 몸의 원자들은 여기에서 유래했다. 우리는 말 그대로 별 부스러기로 이루어졌다."

— 천문학자 칼 세이건(Carl Sagan)

사람의 몸은 산소 65%, 탄소 18%, 수소 10%, 질소 3%, 칼슘 1.5%, 인산염 1%, 나머지 1.5%는 수많은 다른 원소들로 구성된 개방형 시스템에 의해 제어되는 환상적인 기계이다. 수백 개의 복잡한 피드백 시스템으로 체온, 혈압, 산성도와 같은 내부 상태가 생존을 위한 최적의 범위를 벗어나지 않게 한다. 몸 밖의 온도는 수십 도씩 크게 차이가 나지만, 몸 안의 체온은 평균(37도)에서 0.5도 이상 벗어나지 않는다. 실제로 체온이 2도 이상 변하면 기억상실을 유발하게 되고 인사불성이 된다.

들이마신 공기 중 산소가 우리가 섭취한 음식에 저장된 에너지를 ATP라 불리는 고에너지분자로 전환한다. ATP는 세포를 계속 재생하고 근육에 힘을 공급한다. 우리 몸에는 약 250g의

ATP가 있다. 이는 AA건전지 하나의 용량밖에 되지 않지만, 우리의 몸은 지속적으로 화학물질을 빠르게 생성하여 ATP로 전환하고 있다. 이와 같이 우리 몸은 식량, 산소, 물을 섭취해서 유용한 에너지로 효율적으로 전환하지만, 한편으로는 시스템의 아웃풋인 열과 대소변의 형태로 계속해서 에너지를 잃는다.

사람의 생체를 구성하고 있는 약 37조 가량의 세포의 수명은 며칠에서 몇 주밖에 안 될 정도로 짧아서 잠시도 쉬지 않고 생성과 소멸을 반복하고 있다. 더구나 사람의 몸에 기생하는 미생물군유전체(마이크로바이옴)인 전체 박테리아 수는 약 38조 개로 인간의 세포 수 보다 많다.

미생물 세포에 들어 있는 DNA 수를 보면 더욱 놀랍다. 인간은 약 2만 4,000개의 유전자를 가지고 있데 비해, 우리 몸과 관련된 미생물의 전체 유전자 수는 약 2백 만 개로 추산하고 있다. 우리의 몸을 구성하는 원자는 과거, 다른 동식물의 신체 부위였다. 이러한 원자들이 수많은 동식물의 몸을 거쳐서 지금 우리 몸을 구성하고 있으며, 몇 주를 주기로 우리는 느낄 수 없지만 새롭게 만들어진다.

사람의 생체 안에 있는 분자는 어떤 것도 처음 상태로 생존하지 않는다. 겉보기에는 태어날 때부터 죽을 때까지 몸을 구성하는 세포와 분자들이 그대로 인 듯 보이지만, 생체 분자 마다 나름대로 주어진 수명이 다하면 새 분자가 생성, 호환(互換)된다. 화학반응에서 말하는 동적 평형의 개념이 생명현상에도 그대로 적용된다.

　모든 생체 분자는 변화하고 있으며, 이러한 변화를 통하여 생명을 유지한다. 아무 것도 아니한 것 같이 보이지만, 하지 않는 것이 없는 의연한 존재가 바로 인간의 생체이다. 우리가 먹는 음식물 중, 고기는 단백질 성분의 아미노산으로, 쌀과 같은 전분은 포도당으로 위장에서 소화 분해된 다음 장내의 세포로 흡수된다. 흡수된 분자는 간을 비롯한 각 조직으로 이송되어 여러 단계의 대사 과정을 거친 후에 물, 탄산가스, 뇨소(urea)의 형태로 변하여 체외로 배출된다.

　체내에 들어온 음식물은 신진대사(新陳代謝) 과정을 통해 필요한 에너지를 생성하여 생체의 구조와 기능에 필요한 각종 분자를 만들어 생명현상을 가능하게 한다. 다시 말해 음식물로 섭취 된 외부 분자는 세포 내에서 대사 시스템을 통하여 생체가 필요한 물질로 변화(變化)하여 삶을 영위함으로 생명의 안녕과 질서를 지키는데 기여하고 있다.

　순례에 대한 수필을 집필하던 중 인간의 영혼뿐이 아닌 인간의 육체도 순례 중이라는 사실을 깨닫게 된다. 끝도 없는 우주를 떠돌며 수많은 생명체의 에너지원으로 활동 중이던 세포 속에는 어느 별의 흔적이 남아있을까? 라는 의문을 한 편의 시에 담아보았다.

순례(巡禮)

태양계 행성
지구(地球)를 순례하다

나의 몸이 되었구나.

생명을 유지시키기 위한
37조의 세포(細胞)

잠시도 쉬지 않고
생성과 소멸, 반복하고 있구나

38조의 박테리아와 공생
질서 정연함, 흡수하고 있구나

나의 몸은 세포의 활동을 통해
형태를 유지할 수 있는데

별의 흔적을 가진 너
모호하고 애매한 신비이구나.

내 몸 스러지는 현상

죽음이 아니고
생명을 복원하는 과정이구나.

순례의 여정이구나.

— 졸시(拙詩) 순례(巡禮)

고 산 지

- 본명 : 고영표(高永表). 의정부영락교회 은퇴 장로
- 일간지 금강일보 칼럼 연자수필 및 한국문학신문 칼럼 연자시편 연재 중
- 국보문학에 서사시 "때여 나의 때여 동학의 세상이여" 연재 중
- 장로신문 오피니언 리다 칼럼 연재 중
- 시집 : 『짠한 당신』 『상선약수마을』 『거리》 외 다수
- 한영장편대하서사시집: 『독립 없는 해방은 시리도록 아프다』
- 작품집: 『차명의 세월 5권』 『계곡의 안개처럼 살다』 외 다수
- 칼럼집: 『사다리 걷어차기』 등
- 수상 : 제5회 시사문단 문학상 대상. 5회 한비문학상 수필부문 대상. 상상탐구 작가상, 한국문학신문 작가대상

문조의 죽음

김 태 호

 * 문조 – 잘 알려진 관상조이며, 짹짹거리는 소리와 떨면서 우는 소리를 내는 매력적인 애완동물이다.

"아버지, 문조가 죽었어요."
 우리 아버지가 건축업자에게 맡겨 육 개월 남짓 궁궐 같은 새 집을 지어 거기로 이사 간 날부터 우리 집의 기나긴 불행이 시작되었다. 그 불행은 우리 집 지붕을 덮은 먹구름처럼 날로 짙어져 갔고 아버지는 이것저것 근심을 잠시나마 잊으려고 그 당시 한창 유행하던 관상조 키우기에 열중하셨다. 아버지는 주로 한 손아귀에 충분히 넣을 수 있는 작은 몸집의 십자매와 온몸의 털 색깔이 파스텔 색조로 따뜻한 분위기의 문조를 키웠다. 넓은 마당 한쪽에는 나무로 사각 틀을 짜고 그물로 덮은 제법 큰 새장이 있었고 일 층 현관으로 올라가는 계단 옆 반지하에는 스무 개 이상의 새장이 진열장의 물건처럼 가지런히 벽에 걸려있었으며 또한 내 방의 안창과 바깥 창 사이 조금 넓은 공간에도 문조를 키우는 새장이 하나 더 있었다. 더위가 한창 기승을 부리던 어느 무더운 여름 아침, 잠에서 깨어 눈을 떴는데 약간 이상하다는 생각이 들 정도로 방안이 조용했다. 평소 같으면 새가 지저귀는 소리와 좁은 새장 안을 부산하게 옮겨 다니는 날갯짓 소리가 들렸을 텐데 그날따라 아무 소리도 들리지 않는 것이다.

나는 창문 가로 다가가 창문을 살며시 열었다. 여느 때처럼 눈에 익숙한 작은 새장이 보였고 새장 안 둥지에는 문조 암수 한 쌍이 앙증맞은 눈을 꼭 감은 채 평안한 모습으로 자고 있었다. 나는 새장 창살을 잡고 아기의 잠을 깨우듯 가볍게 새장을 흔들었다. 그러나 새는 너무 깊이 잠들어 깨지 않았다. 그래서 나는 입으로 "구 구 구 구" 소리를 내어 새를 불러 보았다. 그렇지만 새는 여전히 깰 줄을 몰랐다. 그때야 나는 새들이 자는 것이 아니라 한낮의 땡볕과 이어진 열대야의 무더위 때문에 죽었다는 사실을 알게 되었다. 나는 아버지를 급히 불렀다. "아버지! 이리 와 보세요. 문조가 죽었어요." 외치는 내 말을 듣자마자 아버지는 한걸음에 달려왔고 애지중지 키우던 문조가 죽은 것을 보고 몹시 마음이 상했는지 뒤돌아서며 한마디 하셨다. "지옥이 따로 없구나." 그 당시 우리 집 식구들은 피하지 못할 어떤 일로 인하여 모진 고통을 겪고 있을 때였다.

지금도 때때로 아버지의 절망 어린 그 말이 내 귀에 울린다. "지옥이 따로 없구나."

김 태 호

- 고내소망교회 협동목사
- 제주기독신문 신춘문예 시 부문 가작 당선

교도소는 만원이다

김 화 인

　세상을 살아가는 우리 모두 행복(幸福)이라는 조건을 가지고 태어났다. 그러나 그 행복을 갖고 살아가기는 힘이 든다. 그래서 우리는 눈을 똑바로 뜨고 살아가야 한다. 그렇지 않으면 우리도 모르게 범죄자가 되어 교도소에 들어가게 된다.
　서두에 이런 문구를 쓰는 이유는 교도소 사역을 10년 정도 하다 보니, 교도소에 수용된 수감자들의 생활을 조금이라도 알고 있기에 그렇다. 교도소에 죄의 대가를 치르기 위하여 수용된 사람을 우리는 재소자(在所者)라는 용어로 불렀지만, 지금은 그들을 수용자(需用者)라는 용어로 쓴다.
　처음에 교도소에 들어가 선교할 때는 그들이 무섭다는 표현보다는 거리를 두고 싶은 마음이 들었다. 그러나 그들을 직접 대하다 보니 그들도 형제요, 가족이기 때문에 그들의 마음을 더욱 감싸주고 위로의 말을 많이 해주고 있다.
　과거에는 잘못된 죄를 짓고 교도소에 들어가는 사람들이 많이 있었지만, 지금은 다른 범죄보다는 성범죄를 짓고 교도소에 들어오는 수용자가 40%에 이른다고 한다. 그들을 상담해보면 흔히 듣는 말이 '왜 내가 죄인이 되었는지 모르겠다'라는 말이다.
　나는 그들의 말을 변명하고 싶은 마음은 조금도 없다. 어떻게 되었던지 그들이 범죄사실을 모르고 있었지만, 죄를 지은 것은 사실이기 때문이다. 그러나 우리가 한 번쯤은 생각해봐야 할 것 같다. 왜 그들이 교도소에 들어왔으면서도 '왜 범죄자라는 사실을 모르고 있는가?'이다.

　이들이 범죄자가 되면 그들 본인의 인생에서 행복(幸福)이라는 말이 철저하게 짓밟히고 만다. 피해자가 있으면 가해자가 있다. 그렇다면 그들의 피해자는 누구일까? 답을 말하지 않아도 우리는 안다. 그들이 가해자가 되어 교도소에 들어가게 되면 그들의 가족은 어떤 일들이 벌어지게 되는지 한 번쯤 생각했으면 한다. 결과는 가정 파탄이다. 갑자기 찾아온 불행으로 가족들은 깊은 절망감에 빠진다. 정신적, 경제적 '상실과 피해'는 상상을 초월한다.

　'그들을 꼭 교도소에 보내야 하는가?'라는 질문을 던지고 싶다. 그들은 교도소에 들어가기 전에 구치소에 들어가 재판을 받게 된다. 재판이 끝나고 죄 형량이 결정되면 교도소로 이관이 되어 교도소 생활을 하게 된다. 세상을 등지고 교도소에 들어가 몇 년을 보내고 나면 되겠지만, 세상이 그들을 바라보는 눈은 올바르지 않고 전과자(前科者)로 낙인찍히고, 그들을 색안경을 쓰고 바라보게 된다.

　우리가 살아가는 사회는 남자가 절반이고, 여자가 절반이다. 그래서 서로 의지하면서 살아가야 한다. 요즘 초등학교에 '약물 예방 교육'을 하기 위해 강의를 하러 간다. 그런데 아이들이 장난치는 것을 보고 있으면, '성인이 되면 남자 학생들은 교도소에 들어가기 쉬운 장난을 하고 있구나!' 하는 생각이 든다. 참으로 안타까운 일이다. 또한, 드라마를 보고 있으면, 드라마에 나온 장면도 그렇다. 남자 주인공과 여자 주인공이 싸우면서 하는 말을 보면, '저들도 교도소에 가기 쉬운 장면이구나!'라는 생각을 하게 된다.

　최근에 교도소에서 상담하면서 수용자와 나눈 이야기이다. 옆방에 있는 수용자가 행정사 사무실에서 일하는 사무장이었다고 한다. 직원들과 저녁 회식을 마치고 집으로 돌아가는데 동료 여직원이 함께 술 한잔 더하자고 해 집으로 돌아가는 길을 돌려 함께 2차 술자리를 했다고 한다.

　그리고 여직원이 자기 집으로 함께 가자고 해 취기(醉氣)에 아무 생각 없이 따라가 사랑(?)을 나누었다고 한다.

　사랑을 나누고 난 후, 여직원이 경찰서에 신고 전화를 해 현행범으로 잡혀 구속되었다고 한다. 여직원이 일부러 일을 꾸민 사건이다. 여직원은 성관계를 나눈 후 화장실에 가 바로 전화한 것이다. 너무 억울해 여직원이 전화한 증거라든가 모든 사실을 경찰서에 제출하였으나 현행 성범죄자로 범죄자가 되고 말았다. 하루아침에 전과자가 된 것이다.

　교도소에 수감률이 약 129%라고 한다. 교도소가 만원사례라는 것이다. 구치소도 같은 현상이다. 교도소에서 강의를 하면서 '출소 후에 제일 하고 싶은 게 뭐냐'고 물어보았다. 그랬더니, '출소 후에 바로 목욕탕에 가고 싶다' 하는 것이었다. 그래서 왜 그러냐고 했더니. '우리 좁은 방에는 16명이 함께 지내기 때문에 목욕이라는 것은 꿈도 못 꾼다.'라는 것이다.

　잘 알고 있는 변호사에게 '교도소에 가기 전 재판 중인 사람들이 지금 얼마나 되냐?'고 물었더니, 200만 명에 이른다고 한다. 죄를 지으면 죄의 대가를 치르는 것은 당연한 일이다. 그들을 변론하고 싶은 마음은 조금도 없다. 그러나 그들을 꼭 교도소에 수용시켜야 하는지 묻고 싶다.

수용자 한 사람에게 1년에 국가가 부담해야 하는 경비가 약 2,000만 원 정도 지불된다고 한다. 그 돈은 우리 국민이 부담해야 하는 돈이다. 그래서 다른 방법을 연구해서 다른 방법으로 처벌을 하는 것도 연구해 봤으면 한다.

　요즘 성범죄가 급증하고 있다. 성범죄를 저지르고도 '내가 왜 범죄자가 되었는지를 모르고 있다'라는 사실은 이 사회의 큰 문제라는 것을 알게 되었다. 이 문제는 여러 가지 사회 문제가 되고 있다. 젊은이들의 결혼문제와 출산율 저조의 현상이 나타나는 일이기도 하다. 또한, 젊은 사람이 산업현장에서 일해야 하는데 그들의 자리를 외국인들이 채우고 있다는 사실도 문제가 되고 있다.

　행복(幸福)한 대한민국의 자녀들이 아름다운 사회에서 행복한 삶을 살아가는 이 나라가 되었으면 하는 마음 가득하다.

김 화 인

- 시인, 상담학박사, 약물중독예방 교육강사
- 미국 Midwest University 상담학 교수
- (사)국제펜 한국본부 이사, (사)한국문인협회 정책위원
- 서울중구문인협회 초대회장, 열린교회 담임목사
- (사)한국시조협회 부이사장, (사)통일문학회 감사
- 소망교도소 힐링시쓰기 강사, 안양교도소 심리치료 강사
- 법무부 안양시 보호관찰 특별위원

사과 철학

도 한 호

　대학에 입학해서 교양과목을 수강할 때, 제일 재미있었던 과목은 김영철 교수(님)의 『경제원론』(최호진 저)이었고, 제일 어려웠던 과목은 서동순 교수(님)의 『철학 개론』(김진섭 저)이었다.
　김영철 선생님은 한 시간 내 꼼짝하지 않고 한 자리에 서서 높낮이가 없는 음성으로 봉건주의 시대의 장원제도 등 경제학의 역사와 지배구조를 조용조용 설명해서 학생들이 대부분 지루해했다. 그런데, 나는 차근차근 설명해 주시는 선생님의 충실한 강의 내용이 좋았고 재미도 있어서 항상 열심히 듣는 편이었다.
　이런 김 선생님과 달리, 철학을 강의하시던 서동순 선생님은 강의 중에, 출퇴근길에 목격한 것도 말씀해주시고 가끔은 유머도 하셨지만, 교재로 채택한 한문투성이의 세로쓰기 『철학 개론』 교재가 너무 어려워서 나는 강의에 흥미를 잃고 말았다.

　그런데, 4월의 마지막 주간 철학 강의 시간에, 선생님은, 흑판에 'Apple Philosophy'라고 쓰시고는 수강생 중에서 나이가 제일 많은 함용환의 이름을 부르시고는, "함 군이 이걸 한번 읽어보겠나?"하고 말씀하셨다. 용환이는, 주저하지 않고 '애플 필라소피' 하고 똑똑하게 읽었다.
　그러자 선생님은 맨 앞줄에 앉은 내게,

"도군, '애플 필라소피'가 무슨 뜻이지?"하고 물으셨다. 나는, "애플은 사과, 필로소피는 철학입니다"하고 대답했다. 선생님은,

"도군, 철학은 낱말 풀이가 아니야. 철학이 단어 해석이라면 누구나 철학가가 되게. 그렇게 쉬운 것이라면 내가 왜 묻겠나?"하시더니 다음과 같은 이야기를 해주셨다.

"여기 사과가 열 개씩 두 무더기가 있는데 두 사람이 각각 열 개씩을 먹었다고 가정 하세. 그런데 한 사람은 좋은 사과 열 개를 먹었고, 다른 한 사람은 나쁜 사과 열 개를 먹었어. 누가 말해 보게. 두 사람이 같은 사과를 열 개씩 먹었는데 왜 이렇게 정반대의 결과가 나왔을까?"

그때 별명이 철학자인 두현이가 대답했다.

"선생님, 그건 말입니다. 처음 사람은 흠이 없고 맛있어 보이는 것부터 차례로 먹었고, 두 번째 사람은 좋은 것은 아껴두고 상태가 나쁜 것부터 골라서 열 개를 먹었기 때문입니다."

"맞았어. 정답이야. 그런데 철학은 정의(定義)가 내려진 사실이라도 단정(斷定)하지 않고 양보적으로 말하는 것일세. 즉, "나쁜 것부터 골라서 열 개를 먹었기 때문입니다"해서는 안 되고, "나쁜 것부터 열 개를 먹었기 때문일 것입니다"해야 하는 것일세. 알겠는가?"

"요컨대 사과 철학은 좋은 것, 선한 것을 먼저 취하면서 매사를 긍정하라는 교훈이 아니겠나? 행복이란 스스로 행복하다고 생각하는 사람만이 가질 수 있는 덕목이란 말이네."

행여, "좋은 것은 동생 주려고 못생긴 것부터 먹었는데요. 뭐,

이런 말은 철학을 논하는 마당에서는 금기라네. 도덕에서 설파할 주제이지."

나는 선생님의 말씀을 듣고 철학에 한발 다가선 것 같은 느낌이 들었다. 선생님은 이어서, "제군은 사과 철학의 원리를 삶에 적용해야 하네. 그러면, 삶 속에 긍정의 힘이 생길 것이네. 내일은 수원지로 소풍 가는 날이지? 이만"하고 좀 일찍 강의를 끝내셨다.

선생님은 미국으로 떠나신 후 '서울 가신 오빠'가 되었지만, 선생님이 주신 철학은 새콤한 듯 달콤한 듯, 언제나 내 입안에서 감돈다.

도 한 호

- 경북 경주 출생
- 시인, 수필가
- 대전시 문화상 수상
- 대전침례교 신학대학교 총장 역임
- 한국신학대학교 총장협의회 회장 역임

철의 여인

박 경 민

　세상에는 여성으로 앞장을 선 사람들이 꽤많다.
　잔다르크도 버지니아 울프도 유관순도 나혜석도 퀴리부인 수지 여사도 다 훌륭한 위인들이다.박경리 작가도 껴야겠다.
　우린 흔히 철의 여인 하면 영국의 수상 마거릿 대처를 떠오른다. 그녀는 보수 정당에서 장기집권을 한 최초의 총리이기도 하다. 이렇게 지구상에서 이름을 올리는건 타고난 운이 있거나 재력가 이거나 재능을 가져야 한다.

　며칠전 폭설이 내렸다. 잔 설이 햇빛에 비추어 보석처럼 빛이 났다. 눈만 빛이 나는 게 아니라 나도 빛이 난다고 했다. 앞 동에 사시는 동대표께서 날 보더니 툭 던진 말이다.
　흙 속에 숨겨진 보석이라며 반갑다고 악수를 청해왔다. 그러면서 날 철의 여인이라고 불렀다.

　버스를 20년 넘게 끌고 다녔으니 철의 여인이 맞다. 영국에만 철의 여인이 있는 줄 알았다. 우리나라에도 진짜 철의 여인이 있었다. 바로 나 박경민이 철의 여인이다. 무쇠 덩어리 버스와 동고동락했으니 철의 여인이 아니고 무엇이 철의 여인이겠나!

　나에게 또 다른 수식어가 붙었다. 여왕의 꽃 모란으로 모란의 눈물로 모란의 여왕으로 이름을 날리려고 아등바등 살았는데 철의 여인이라, 이 얼마나 폼 나는 언어인가! 알고 보니 내가 진짜 철의 여인이었다.

 대처 수상 비켜라, 진짜 철의 여인이 나타났다. 무쇠 덩어리와 함께 새벽으로 밤으로 치열하게 버텼으니 철의 여인이 아니었겠나! 손이 뭉개지도록 버스 핸들을 잡아 돌렸다. 추운 겨울날 핸들이 얼어 내 손까지 다 얼었다. 난 인사동에서 모란의 여왕으로 꽤 유명하다. 이젠 철의 여왕으로 이름을 떨쳐야겠다.

 글 감이 없었는데 뭐로 글을 써야 하나 골머리를 앓고 있었는데 툭 던진 철의 여인이란 단어에 글이 꽂혔다. 이러구서도 내가 작가라고 디밀 수 있겠나? 내심을 키워야 하는데 겉만 멋들어지게 포장한다면 그건 위선이고 허세다.

 남에게 돋보이려고 진실을 감추고 산다면 그거야말로 진짜 불쌍한 생을 살아가는 거다.
 난 오늘 이 순간부터 철의 여인으로 살아갈 거다. 버스를 끌면 어떻나? 똥 구루마를 끌던 열심히 살면 최고의 삶이 아니겠는가, 어차피 흙수저로 태어나 흙으로 돌아갈 건데 명품이다 뭐다, 쟁여 놓아서 훗날 국 끓여 드시려나!

 분수에 맞게 살면 된다. 물장사는 물을 길어 팔면 될 거고 흙장사는 흙을 파서 살면 된다. 물장사가 어느 날 갑자기 나 물 팔기 싫어한다면 딴 장사로 갈아 타면 된다. 신분을 속여 살려니

속이고 속이다 보니 계속해서 속일 수밖에 없는 구조다. 한번 거짓말은 한 번으로 끝나면 된다. 그런데 탄로가 나려니 또 속이게 되고 또 탄로가 나니 또 속여 결국은 돋보이려고 계속해서 거짓말을 하는 거다. 신분을 세탁해서까지 부귀영화를 누린들 그 부귀가 영원하다고 생각하는 자체가 꿈이다.

꿈은 내가 노력해서 이루는 게 꿈이다. 노력도 없이 누구의 후광으로 얻는 건 꿈이 아니라 끔찍한 일이 될 거다. 난 이제부터는 철의 여인으로 멋지게 살아야겠다. 숨지 말고 당당하게 저는 철의 여인입니다 라고 해야겠다. 버스 승객들은 날 만나면 어머나 예쁜 아줌마네 멋있어요 한다. 멋은 개나 주어라 하면서 속으로 외쳤다. 그래 이젠 멋진 철의 여인으로 거듭나야겠다. 이 나이에 연봉이 얼마인가? 다들 부러워한다.

박 경 민

- 사상과문학 계간지 시인 수필가 등단
- 한국문인협회회원
- 세계시문학회회원
- 23년 엄마달려 산문집 발간
- 23년 동인지 하나로문학

어린 시절의 설날

박 하

　어느새 눈가에 잔물결이 일다니 세월이 참 빠르다.
　이제 며칠 후면 설날이다. 지금은 그저 무덤덤하지만, 반세기도 훨씬 전, 내 어릴 적에는 한 달 전부터 손꼽아가며 기다리던 날이 설날이었다. 그 철없던 순수의 시절로 달려가 본다.
　설날은 고운 설빔과 맛있는 떡국을 먹을 수 있어서 즐거웠다.
　해마다 엄마는 설 며칠 전에 방앗간에서 가래떡을 뽑아 왔었다.
　어느 해, 함박눈이 펑펑 쏟아지던 새벽 인기척에 깨어난 나는 어머니를 따라 떡-방앗간에 갔다. 어머니가 가래떡 담은 함지박을 머리에 이고 우리 집 마루 위에 놓자, 우리 형제자매들은 우와! 즐거운 함성을 지르며 함지박 주위에 둘러앉아 말랑말랑 쫄깃쫄깃한 가래떡을 조청에 쿡쿡 찍어 먹었다. 꿀맛이었다. 목이 막히지 않게 항아리에서 금방 꺼내 온 단술을 마시니 달고 시원했다.
　설날 아침에 우리 식구들은 설빔 한복으로 곱게 단장했다. 나는 비단 천 빨간 치마에 노랑 저고리를 받쳐 입고 거울 속 모습을 보며 기분이 좋았다. 우리 집이 큰집이어서 친척들이 모이면 즐거운 잔칫집처럼 법석거렸다. 교자상마다 설날 음식으로 가득했다. 반짝반짝 빛나는 황금빛의 놋대접에는 계란 황백 지단, 소고기볶음, 까만 김의 꾸미로 어우러진 떡국은 보기만 해도 군침이 꼴깍 넘어갔다. 떡국을 먹고 나이 한 살 더 먹는 게 계급이 껑충! 올라가는 것처럼 기뻤다.

　내가 일곱 살 되던 해, 어머니께서 집에 있는 흰 비단 천을 진달래꽃빛깔로 물들여 딸 셋에게 똑같이 설빔을 지어주었다. 달빛처럼 하얀 옥양목 천으로 할머니는 손녀들의 버선을 지어주었는데, 나는 어리다고 버선코에 색실로 예쁜 꽃을 수놓아주고 비단 주머니도 만들어 치마끈에 매달아주셨다.
　우리 세 자매는 조부모님과 부모님께 세배를 드리면, 덕담 끝에 세뱃돈을 주셨다. 어린 나는 빳빳한 세뱃돈을 꼬깃꼬깃 접어 비단 주머니에 넣으며 이 돈으로 무얼 살까 생각하며 행복한 고민에 빠졌다. 집 앞 점방에서 몇 번이나 벼른 끝에 큰맘 먹고 꽃분홍색 스펀지 바탕에 금박무늬가 찍힌 리본을 사서 머리에 꽂으니 나비가 된 것 같았다. '또뽑기'해서 탄 연두색 유리 반지와 동글동글한 유리 목걸이는 멋쟁이 꼬마 숙녀에게 꼭 필요한 장신구였다.
　우리 집 마당에는 커다란 널판이 놓여있었다. 한복을 차려입은 동네 처녀들이 꽃무리 지어 놀러 와서 널을 뛰었다. 나는 우리 동네에서 가장 예쁜 영애언니와 널을 뛰고 싶었다. 주위에서 다 큰 처녀와 아이가 널을 뛰는 건 위험하다고 말렸지만, 내 고집을 꺾을 수 없었다. 처음에는 영애언니가 사부작사부작 널판을 눌러주다가 갑자기 널판을 세게 누르자, 내 몸은 팔랑개비처럼 공중으로 휙 날아오르다가 곤두박질치며 땅바닥으로 떨어졌다. "저런 이마에서 피가 흐르네."하는 누군가의 소리에 깜짝 놀라 앙! 울음을 터뜨렸다. 급기야 어머니 등에 업혀 설날에 '권의사 병원'에 가서 이마를 대여섯 바늘이나 꿰매는 소동을 벌였다. 셋째 딸인 나는 아우 터를 잘 팔아서 남동생을 보았다고 호랑이 같은 할아버지가 복덩이라 하며 귀여워해서 버릇이 없었다.

평생 잊지 못할 추억이 있다. 초등학교 5학년 때 설날 아침에 머리맡에 있어야 할 설빔 한복이 보이지 않았다. 눈 비비며 씻다시피 찾아도 없었다. 하도 이상하여 어머니께 여쭈어보니 이제는 다 커서 학교 갈 때 입는 옷-골덴 바지와 상의 반코트를 준비했다고 하셨다. 그 골덴을 보는 순간! 실망감이 컸다. 여태까지 매해 설날이면 고운 한복을 입었는데, 한복이 아니라니…. 부아가 머리끝까지 치솟은 나는 골덴 옷을 마당에 내동댕이치고는 큰 소리로 울기 시작했다. 방안을 도토리처럼 떼굴떼굴 구르며 머리를 벽에 쿵 쿵 아프도록 세게 박았다. 어린 소견에 머리에 혹이 생기면 어머니가 가슴 아파할 것 같은 생각에, 아파도 참으며 더 세게 머리를 벽에 박았다. 어머니는 "무슨 애가 설날 정초부터 큰소리 내어 초상집처럼 우느냐"고 꾸중했지만, 막무가내로 울었다. 한참 동안 대성통곡하며 섧게 울다보니 목이 아팠다. 그때 작은언니가 살며시 내 곁에 다가와 울음만 그치면 언니가 한복을 금방 마련해주겠다고 귀띔했다. 한참 동안 울어서 지칠 대로 지쳤는데, 언니의 그 말은 구세주의 말처럼 흐릿해져 가는 정신에 반짝! 희망을 안겨주었다. 평소에 언니의 말이라면 팥으로 메주를 쑨다 해도 신뢰했기 때문에 나는 울음을 뚝 그쳤다. 언니는 그 즉시 덜커덩거리는 삼천리 버스를 타고 대구 양키시장 지금의 교동시장으로 달려가, 설날인데도 문을 연 가게에서 비단 반회장저고리를 사 왔다. 내 품에 꼭 맞았다. 노란색 바탕에 깃과 끝동, 옷고름이 꽃자주색 빛깔이다. 치마는 엄마의 보라색 비단 치마를 줄여서 만들어 주었다. 작은언니는 집에서 대구여중까지 그 먼 길을 걸어 다니며 차비를 모은 돈으로 여동생의 한복 입고 싶은 소원을 이루어주었다. 여동생을 곱게 단장시켜준 언니 덕분에 철부지 나는 매화꽃 그려진 민경을 들여다보며 연한 배처럼 싹싹해져 언니 곁을 마냥 맴돌았다.

내 작은 어깨 위에 파랑새가 살포시 날아온 행복한 설날이었다.

박 하

- 한국크리스천문학 등단, 수필과비평 등단, 현대수필 등단, 지구문학 소설·시 등단
- 한국문인협회, 국제펜클럽한국본부, 한국수필학회, 대구문인협회, 지구문학, 농민문학, 산문과시학, 대구의수필, 대구기독문학, 대구여성문학, 대구수비작가회, 청암문학 등 회원, 활짝웃는독서회 객원작가
- 현재 : 대구기독문학 고문, 한국크리스천문학 이사, 농민문학 이사, 영호남수필대구지 회장, 산문과시학 회장.
- 수필집:『파랑새가 있는 동촌 금호강』『살아있는 천사』『인생』『멘토의 기쁨』『초록웃음』『퓨전밥상』수필 선집
- 소설집:『홍실이』

가끔은 세상을 거꾸로 보아야

유 광 조

집으로 오는 길목에 생선횟집이 하나 있습니다. 횟집 벽면에 커다란 현수막이 걸려 있습니다. 그 현수막에 다음과 같은 선전 문구가 쓰여 있습니다.

　세상을 거꾸로 보고 싶은 집
　항상 손해볼 각오가 되어 있는 집
　회 1인 만원이면 ok
　(스끼다시 25가지 이상)

전 그 앞을 지날 때마다 너무 재미있고 좋아서 읽곤 합니다.

십여 년 전에 어떤 학자가 '창조적인 거꾸로 서기(creative dislocation)를 때때로 할 필요가 있다고 주장한 글을 읽은 적이 있습니다. 저도 평상시 같은 생각을 갖고 있던 터라 그 뒤로 할 수 있는 대로 거꾸로 서서 세상을 보려고 했습니다. 그러다 보니 그 횟집의 현수막이 아주 반가웠던 것입니다.

일찍이 세상을 거꾸로 본 위대한 인물이 있었습니다. 예수 그리스도이십니다. 성경에 나오는 그 분의 가르침과 행동 방식은 세상의 일반적인 것과 비교해 볼 때 전혀 반대인 경우가 많습니다.

세상 사람들은 보통 '많이 가져라. 맞지 말고 때려라. 높은 자리에 올라가라. 주면서 손해 보지 말고 대접을 받아라 등등의 원칙에 의해서 움직입니다.

그러나 예수 그리스도는 항상 '거꾸로'이셨습니다. 많이 갖지 말고 하늘에 쌓아라. 오른편 뺨을 때리거든 왼편도 맞을 준비를 하라. 낮은 자리로 내려가라 대접을 받는 사람 보다 주는 사람이 복이 있다. 섬김을 받는 사람보다 섬기는 자가 으뜸이다.'라고 가르치셨고 생활하셨습니다.

사실 이 세상의 것과 반하여 생각을 거꾸로하게 될 때 우리는 놀라운 평안과 기쁨과 행복을 소유하게 될 때가 많습니다. 김준호님은 이렇게 읊었습니다.

떠나는 기쁨 떠나는 기쁨
내가 세상을 떠나는 기쁨
세상이 나를 떠나는 기쁨
버리는 평안 버리는 평안
내가 세상을 버리는 평안
세상이 나를 버리는 평안

이 세상을 거꾸로 보고 생각하고 행동하다 보면 불필요한 경쟁의 소용돌이에 휘말리지 않습니다. 많은 사람들이 행복을 얻을 수 있다고 생각하여 몰려가는 넓은 문 대신 좁은 문으로 들어가면 예상치 못했던 고요와 평안, 행복과 기쁨이 넘칠 때가 많습니다.

불구나무를 서서 주변 풍경을 처다보면 반듯이 서서 세상을 바라다 볼 때에는 보지 못했던 새로운 부분들을 보게 됩니다. 평범하게 보이던 모습들이 신비스러운 영상으로 비쳐지기도 합니다. 평상시엔 아름답게 보이던 모습이 거꾸로 볼 때에는 그렇지 않게도 보입니다.

세상이 이제까지 우리에게 가르쳐준 교훈과 가치관과 척도 중에는 상당 부분이 잘못되고 틀린 것들이 있습니다. 그러므로 우리는 자주 거꾸로 세상을 바라다 볼 필요가 있습니다. 그 때 진실이 드러나고 우리의 오류가 바로 잡히게 됩니다. 잘못된 세상의 가치관과 철학과 풍조의 노예가 되지 않고 참 자유를 누리게 됩니다.

실제로 거꾸로 보다 보면 이런 저런 장식물로 아름답게 보이던 미인이 추한 사람으로 드러나게도 됩니다. 아주 지혜 롭다고 평판을 받는 사람이 대단히 어리석은 사람으로 드러 납니다.

모든 사람이 박수하며 훌륭하다고 떠받드는 그 사람이 정말로 형편없는 사람이요, 비난받아야 마땅한 사람으로 밝혀집니다. 행복의 모든 조건을 누리고 있다고 부러움의 대상이 되었던 사람이 세상에서 가장 불행한 조건 속에 파묻혀 있는 사람으로 밝혀집니다.

보기 싫게 생겼다고 생각되던 사람이 최고의 미인으로 보여지기도 합니다. 별로 중요하지 않고 무가치하다고 생각했던 일들이 정녕 세상에서 가장 중요하고 값진 일인 것을 알게 됩니다. 영적인 분별력이 생기는 것이겠지요.

저는 그 생선횟집에 한번 들어가서 식사를 해야겠다고 생각을 했습니다. 그 집 주인이 어떤 사람인가 보고 싶었기 때문입니다. 말로만이 아니라 진짜 그렇게 실천하는 집인지도 궁금했습니다.

그런데 아직까지 한번도 가보지를 못했습니다. 이상하게도 기회가 닿질 않았습니다. 그러나 날마다 그 앞을 지날 때마다 다짐해보기도 하죠. '조만 간에 한패를 몰고 들어가 많이 팔아 줘야지…'

유 광 조

- 충남 대천 출생, 수필가
- 충남 홍성고 졸업
- 경희대학교 역극영화과 졸업
- 감리교신학대학교 졸업
- 대전 유성감리교회 은퇴 원로목사

맹호부대 월남파병

전 용 환

　1964년 6월 논산 훈련소에 입소했다. 머리를 박박 깎고 훈련복으로 갈아입은 후, 입고간 사복은 집으로 부쳤다. 나도 모르게 눈물이 흘렀고, 옷을 받는 부모들의 맘도 짠했을 것이다. 훈련과정은 혹독했다. 제식훈련부터 사격훈련, 화염방 훈련과 유격훈련 등 전반기 6주를 마치고, 후반기 훈련차 전북 금산으로 갔다. 더위와 갈증을 참지 못하고 논물을 벌컥벌컥 마셔도 배탈이 나지 않는다. 정신력이 만병통치다.
　3보충대를 거쳐 맹호부대로 배속되었다. 굽이굽이 산길을 돌아 맹호부대 신병교육대로 갔다. 보병은 처음부터 제대할 때까지 훈련이다. 훈련기간이 끝나고 맹호부대 제1연대 제1대대 3중대 3소대 소총병으로 명받았다. 말석 중 말석이다. 까만 얼굴에 바짝 마른 꺽다리 총각 이병이다. 오나가나 졸병 신세는 고달프다.
　군대에선 밥 한 그릇 더 먹은 것이 벼슬이다. 별것도 아닌데 아는 척 큰소리친다. 자기가 할 수 있는 일도 명령을 내린다. 명령에 복종하는 것이 군대다. 밤송이를 거시기로 까라면 까라는 식이다. 군대가 그런거라고 생각해야 신상이 편하다. "나발을 불어도 시간은 간다."며 졸병들은 고난을 극복한다. 사단 창립일 축제 때 각 연대 대항 배구경기가 있었다. 배구한 사람 손들라기에 번적 들었다. 또 9인조 전위 센터를 맡았다. 훈련관계로

영외 합숙하며 연습했다. 음식도 좋다. 특과 중 특과다. 기독교 표현으로 "주님의 은혜다."라며 최선을 다 했다.

　제1연대가 우승했다. 보상휴가까지 받았다. 입대한지 3개월 만에 부대 근처 식당에서 흰쌀밥을 배 터지게 먹고, 한숨 늘어지게 잤다. 배 불리고, 맘껏 잠을 자는 졸병의 소원을 모처럼 풀었다. 도살장으로 끌려가는 소처럼 억지걸음으로 귀대시간을 맞춰 부대 정문에서 귀대신고 한다. "이병 전용환 귀대 신고합니다. 맹호"

　배구할 때 알게 된 부관의 배려로 1연대 군종부로 파견근무하기 시작했다. 소대생활보다 근무의욕이 생겼다. 시간이 흘러 상병, 병장으로 진급했다.

　부대 안에 소문이 돌기 시작한다. "갑자기 맹호부대는 비상이 걸려 월남으로 간다."고 한다. 가면 죽을 확률이 90%라는 가짜뉴스도 돈다. 밤 10시가 넘어도 내무반으로 들어가지 않고 삼삼오오 모여 여기저기서 수근 거린다.

　새 부대장의 부임 후 개별적으로 파병 가부를 상담했다. 삼대독자와 제대 말 사병은 보류한다. 나는 보류되어 16사단 수색중대로 전속 되었다. 양구 오옴리 산골자기를 오르내리며 혹독한 훈련을 받았다. 전장으로 가는 길에서 돌아섰다는 벌 같다. 참고 견뎌 냈다. 6주 훈련을 마치고 수색중대 본부 3종계를 맡는다. 부대 주식과 부식을 관장하는 직책이다. 어디든지 밥줄을 잡은 자가 힘을 쓰듯이 선임하사와 가까워졌다.

　맹호부대가 월남으로 갔기 때문에 홍천으로 16사단이 왔다. 고향으로 돌아온 기분이다. 수색중대 옆에 사단 교회가 있는데, 신학교 친구 전광석과 나구영이 군종병이다. 그 외 군종병

2명이 있었는데, 그중 하나가 현 조선일보 사장인 것 같다.

  제대 말 고참들의 군 생활은 즐거웠다. 친구들과 즐기다가 파란만장한 군 생활은 만기제대(1967)로 막을 내린다.

  남자는 군대 갔다 와야 철든다는 말처럼 나도 철든 남자로 변모했된다. 복교 후부터 까불던 모습이 줄어들고 학교와 기숙사 생활에 노장파 티가 들어나고 행동거지가 신중해져 가고 있다.

전 용 환

- 충남 홍성 출생, 수필가
- 충남 홍성고 졸업
- 감리교신학 대학원 졸업
- 기독교대한감리회 본부 교육국 총무 역임
- 미국 하와이 코나 UMC 한인교회 목사

살아내 주겠니!

최 숙 미

철퍼덕 내던져진 절망이다. 현실이 아니기를. 잘못 들었기를. 가짜 뉴스이기를. 유명 배우가 극단적 선택을 하고 말았다. 뉴스는 눈을 헤집고 귀를 쑤셔대며 사실임을 까발려댄다. 천하에 알려진 인생이 무너지니 자살만이 답이라 여겼을까.

앞이 캄캄해도 아무런 희망이 없어도 조금만 살아내 주겠냐고. 몇 시간만 더, 하루만 더 살아내 주겠냐고. 그 며칠 사이만 살아내 준다면 숨이 쉬어질 거라고. 진저리친 일이었다고 내뱉을 수 있는 날까지 살아내 주기를 바랐으나, 또 이미 늦어버렸다.

진실을 진실로 받아주지 않는 수사로 인해 또 한 사람이 자신을 죽였다. 누군가에게 참으로 소중한, 스타로만 바라보는 일반인들에게도 아까운, 자신에게 존귀한 한 생명이 내린 결단에 모두는 망연자실이다. 마약 검사에서 음성이 나왔으면 마약 하지 않은 거지. 과학적 근거 외에 무엇을 더 검사하나. 진실이 왜곡되는 과정이면 어느 누가 견뎌낼까. 희생양이 나와야만 수사가 마무리되는 건지. 진실은 진실이고 수사는 수사인가. 진실이 헌신짝이면 수사는 금배지인가. 수사 기술 한번 거창하다. 수사가 직접이든 간접이든 죽음으로 몰아갈 일은 아니지 않나.

삶이 녹록지 않으니 살다 보면 죽어야만 고통이 끝날 것 같은 때가 있다. 암담하고 참담하고 무기력해지는 순간이다. 나는 문 닫힌 교회 계단에서 펑펑 울었던 적이 있다. 마지막 살 희망이 있을까 해서 찾아간 곳이었다. 살 소망이 있을 거라고 막연하게 알고 있던 교회마저 나를 저버린다는 데에 생각이 미치자, 더는 걸어 볼 희망이 없어 다른 길을 찾고야 말았다. 죽어버리자. 죽는 게 길이 되니 마음이 편해졌다. 이러면 될 것을. 어떻게 죽을까를 골몰하는 나날. 웃기고 슬픈 생각이지만 만일 살아서 교회에 간다면 문 열어놓은 교회에 가리라고 다짐했다.

우리 집안은 사막에 내몰린 꼴이었다. 조현병 시누이에 일곱 식구 유일한 벌이인 남편 사업은 바닥을 쳤다. 가족들은 서로를 원망하고 다섯 살 아들은 어른들 눈치 보느라 원형 탈모가 생겼다. 갓 젖 뗀 딸아이만 할머니 품에서 된장국을 받아먹고 포동포동해졌다. 나는 불면증에 시달리며 위는 솜뭉치 같은 게 치받쳐 배고프지 않았다. 앉아서 쓰러져도 누구 하나 신경 쓰는 이 없었다. 남편은 술을 먹고 업보라며 울부짖고 어금니가 부러지도록 앙다물고 버티던 시어머니는 어떡하냐고 통곡하고, 시아버지는 집안에 사람 잘못 들여서라며 밥상 뒤집고 가출해서 돌아오지 않았다. 호적상 가족들의 불협화음에 흩어지지도 못하고 눈이 떠지니 살았던 나날. 아파도 아플 수 없었던 시어머니가 아이들 끼고 사니 다행이라 할까.

당시 남편도 나만큼이나 무기력해 있었다. 누구와도 말하지 않고 무협지만 읽었다. 며칠 만에 출근한 남편에게 전화했다. 다정하게 받았다. 그것마저 싫었다. 살면서 욕을 해 본 기억이 없으나 작심하고 "당신은 개새끼"라고 욕을 하니 남편은 "응"이라 했다. 전화를 끊어버렸다. 살게도 죽게도 하지 않는 남편.

같이 욕을 했어야지 무슨 "응"이냐고. 암울한 분위기에도 아이들은 웃었고 시어머니는 살아냈다. 나는 어떤 역할도 존재 의미도 없었다. 무기력했으나 음성적인 선택에는 빠르게 반응했다.

솜뭉치 같은 위를 끌어안고 연탄불에 만두를 구워 파는 노점상 할머니 앞에 앉았다. 노릇노릇 익는 군만두를 먹을까 했으나 먹히지 않았다. 눈물이 흘렀다. 할머니가 알만하다는 듯 혀를 찼다. 무엇 때문이라고 말하지 않고 울기만 했다. 무기력했는데 어쩌다가 모르는 할머니 앞에서 울 수가 있었는지. 살 운명이었을까. 할머니의 혀 차는 소리에 온갖 시름을 늘어놨다. 아이들이 불쌍한데 아무 짓도 하지 못한다고. 약국에선 화병이라고 잠을 못 자면 밤마다 술을 조금씩 마시란다고. 친정은 멀고 이웃도 친구도 없던 내가 얼마나 많은 말을 했는지.
"아기 엄마, 실컷 울어버려. 살다 보믄 언제 그랬나 싶은 날도 오니라."
꺼이꺼이 울었고 할머니가 자꾸만 건네던 만두는 먹지 못했다. 장사도 못하고 내 울음을 받아준 할머니였건만 부끄럽고 죄송해서 다시 가지 못했다. 고마웠다고 말씀드렸어야 했는데 지금도 죄송하다. 그때의 노점상 할머니는 나를 살아내게 해 준 구원자였다고 확신한다.
그 할머니 앞에서 울어버리고 살아내서 지금껏 산다. 생을 스스로 정지시킨 그들처럼 이 방법뿐이라고 생각했던 때였으나, 극단적 행동을 하지 않았더니 오늘을 괜찮게 산다. 아니 감사하면서 산다. 죽을 이유는 다르나 같은 극단에 섰던 사람으로 부탁한다. 오늘을 살아내 달라고. 결심 선 순간을 잠시 미루라고.

그 순간이 흘러가도록 내버려 두라고. 이미 바닥은 쳤고, 눈이 떠지면 뜨고 감기면 감으라고. 그게 살아내는 거라고. 그 순간을 살아내 준다면 인생 어딘가는 나를 위한 일들이 있기 마련이라고. 내가 살아내야 가족이 살고 가정이 살고 사회가 사는 거라고.

어느 목사님이 동네 식당에서 아침 식사하는데 옆 테이블 청년이 자꾸 힐끔거리더란다. 큰 교회 목사라서 아는가 보다고 예사로 여기고 식당을 나왔는데 몇 시간 후 사람이 죽었다는 소문이 들렸단다. 알아보니 아침에 본 그 청년이었다고. 마지막 구원의 눈길을 외면한 자신을 평생 자책하노라고 했다. 극단을 선택한 청년의 외로움에 목이 멨다. 마지막 용기라도 내봤으면 살았을 것을. 아무리 세상이 각박해도 노점상 군만두 할머니 같은 구원자는 있게 마련인 것을.

나는 지극히 평범한 사람이나 사람을 사랑하는 한 사람으로서 극단의 결심을 하는 이들에게 간곡히 부탁한다. "살아내 주겠니!"라고. 살아내 주라고 달래기에 늦은 순간이면 성경 구절로 외친다.

살아 있으라! 피투성이라도 살아있으라!

최숙미

- 계간 『에세이문예』 수필 등단
- 월간 『한국소설』 단편소설 등단
- 한국문인협회부천지부회장, 수주문학상 운영위원
- 부천디아스포라문학상 운영위원
- 수필집 : 『칼 가는 남자』 『까치울역입니다』
- 소설집 : 『데이지꽃 면사포』

외국시 및 번역시

존 던
제라드 맨리 홉킨스
김신영 권양순 백근기

Death, Be Not Proud

John Donne

Death, be not proud, though some have called thee
Mighty and dreadful, for thou art not so;
For those whom thou think'st thou dost overthrow
Die not, poor Death, nor yet canst thou kill me.
From rest and sleep, which but thy pictures be,
Much pleasure; then from thee much more must flow,
And soonest our best men with thee do go,
Rest of their bones, and soul's delivery.
Thou art slave to fate, chance, kings, and desperate men,
And dost with poison, war, and sickness dwell,
And poppy or charms can make us sleep as well
And better than thy stroke; why swell'st thou then?
One short sleep past, we wake eternally
And death shall be no more; Death, thou shalt die.

죽음아, 거만해하지 마라

존 던

죽음아, 거만해하지 마라, 어떤 이는 너를 일컬어
강대하고 무섭다고 불렀지만, 너는 그렇지 않기 때문이다;
네가 멸망시킨다고 생각하는 사람들은
죽지 않는다, 불쌍한 죽음이여, 또한 나도 죽일 수 없기 때문이다.
단지 너의 그림자일 뿐인 휴식과 잠으로부터도,
많은 즐거움 나온다; 그러니 너로부터는 훨씬 많은 즐거움 나올 게 분명하다,
곧 가장 훌륭한 사람도 너와 함께 떠나서,
육체의 안식과 영혼의 자유를 얻는다.
너는 운명, 우연, 왕들, 절망한 자들의 종으로
독약, 전쟁, 질병과 함께 산다,
아편이나 마술도 네 타격보다
더 잘 우리를 잠재울 수 있다; 그런데 왜 너는 우쭐대느냐?
한 번의 짧은 잠이 지나면, 우리는 영원히 깨어난다
그리고 죽음은 더 이상 없을 것이다; 죽음아, 너는 죽으리라.

God's Grandeur

Gerard Manley Hopkins

The world is charged with the grandeur of God.
It will flame out, like shining from shook foil;
It gathers to a greatness, like the ooze of oil
Crushed. Why do men then now not reck his rod?
Generations have trod, have trod, have trod;
And all is seared with trade; bleared, smeared with toil;
And wears man's smudge and shares man's smell; the soil
Is bare now, nor can foot feel, being shod.

And for all this, nature is never spent;
There lives the dearest freshness deep down things;
And though the last lights off the black West went
Oh, morning, at the brown brink eastward, spring—
Because the Holy Ghost over the bent
World broods with warm breast and with ah! bright wings.

하나님의 장엄

제라드 맨리 홉킨스

세계는 하나님의 장엄으로 충만해 있다.
그 장엄은, 흔들리는 금속 포일에서 빛나듯, 불꽃을 피운다;
그것은 모여 장대하게 된다, 짓눌려 스며 나오는
기름처럼. 그런데 왜 인간들은 지금 그분의 권위에 개의치 않을까?
세대들이 밟고, 밟고, 밟아 왔다;
그래서 모든 것이 거래로 시들어 있고; 수고로 흐려지고, 더렵혀 있다;
그리고 인간의 얼룩을 입었고 인간의 냄새가 배었다: 땅은
이제 드러났고, 발은 느낄 수 없다, 신을 신고 있어서.

이럼에도 불구하고 자연은 결코 소멸되지 않는다;
가장 소중한 신선함이 사물의 깊은 곳에 살아 있다;
그래서 마지막 빛이 어둠의 서쪽으로 사라졌다 해도
오, 아침은 갈색 동쪽 끝에서, 솟아오른다.
성령이 구부러진 세상을 품고 있어서
따뜻한 가슴으로 그리고 아! 빛나는 날개로.

존 던(John Donne)

영국의 대표적인 형이상학파 시인으로, 사랑, 죽음, 종교 등 깊이 있는 주제를 독창적이고 기발한 방식으로 탐구한 작품들로 유명하다. 그는 시뿐만 아니라 성직자로서 설교와 신앙적인 글도 많이 남겼으며, 그의 시는 강렬한 감정, 논리적 구조, 복잡한 은유와 기발한 표현을 특징으로 한다. 대표작으로는 "거룩한 소네트" 등이 있으며, 〈Death, Be Not Proud〉는 죽음에 대한 두려움을 극복하는 신앙적 관점을 보여주는 시다.

제라드 맨리 홉킨스(Gerard Manley Hopkins)

영국의 예수회 신부이자 시인으로, 자연과 신에 대한 깊은 성찰을 시로 표현한 작품들로 유명하다. 그의 시는 독창적인 리듬과 음성적 기교로 돋보이며, 특히 '스프렁 리듬'(Sprung Rhythm)이라는 독특한 운율체계를 사용하여 자연의 리듬과 삶의 역동성을 표현하려 했다. 그는 생전에는 잘 알려지지 않았지만, 사후 20세기 초 그의 시들이 발표되면서 큰 주목을 받았다. 그의 작품들은 자연, 종교적 신념, 신비로운 경험 등을 강렬하게 다루며, 종교적 상징과 독창적인 이미지로 가득하다. 〈God's Grandeur〉는 Hopkins의 대표작 중 하나로, 하나님의 영광이 세상에 충만함에도 불구하고, 인간이 그 영광을 깨닫지 못하고 자연을 훼손하는 모습을 묘사하고 있다.

Erecting a Poem

Sin-Young Kim

In the evening when the Galaxy shines, I step outside
And dip my nose into the clear stream.

I sit on a long corridor, exhaling a chill
As deep as sorrow boils.

The bustling sounds from the city are heard dizzily,
Boiling through the silence on the other side.

Silence plants its pillars on the earth,
And here, a thin line of starlight is drawn.

Did I shake hands with an Asura
To erect a single, supreme verse?

Was that an overflow of empty years,
Embracing a heart-wrenching, boiling poem?

Or perhaps, after kissing the poem deeply,
Am I weaving spider webs in my mouth?

The task of erecting verses,
Wedged in the chariot of the universe.

It boils up and sparkles
As brightly as the radiant light of God.

Sin—Young Kim

Sin—Young Kim is a Korean poetess and critic. She achieved a Ph.D. in Korean literature from the graduate school of Chung—Ang University. She served as a visiting professor at Hongik University, Daejeon University and other institutions. She received the Rookie Award from Dongseo Literature in 1994. She published a poetry book, "The Garden of Colorful Lace Mushrooms" in 1996. She is currently the president of the Yicheon Writers Association.

詩의 옹립(擁立)

김 신 영

은하의 이녘에 나와
맑은 여울에 코를 빠뜨리고

애가 끓는 만큼
긴 회랑에 앉아 깊은 한기를 뿜는다

적막을 뚫고 끓어대는 저편
도시의 자글대는 소리 어지러이 들리네

정적이 대지에 기둥을 심고
여기는 가느다랗게 한 줄 별빛을 긋고

지극한 시구 하나 옹립하려
아수라와 악수를 하였나

가슴 아프게 끓어 대는 시를 안고
와락 넘쳐 버린 허랑 세월이었나

그도 아니면, 시에 깊은 키스를 하고
산 입에 거미줄을 치고 있나

우주의 수레에 끼어
시구를 옹립하는 일

해밝은 하나님 빛만큼
이다지 끓어올라 반짝거린다

김신영

- 시인, 평론가, 중앙대 국문과 문학박사.
- 홍익대 등 외래교수 역임.
- 《동서문학》 신인상 1994 등단.
- 시집 : 『화려한 망사버섯의 정원』 (문학과지성사, 1996),
- 평론집 등 6권 출간, 전 기독시인학교 교장. 심
- 산재단 시문학상 수상.
- 이천문인협회 회장, 기독여성신문 지도자상
- 현, 《기독교문학가협회》 편집주간.

When Cherry Blossoms Fall

Yang-Soon Kwon

Cherry blossoms flutter like snow
Along the celestial path.

They dance like ballerinas
Above white flower lanterns.

I walk as if treading on snow,
Amid the playful flutter of petals.

Like clear and lovely shy brides,
The fallen petals gently smile in white.

And they whisper to me to be pure and bright.

Yang-Soon Kwon

She made her debut as a poet in the magazine "Thought and Literature," published a poetry collection titled "Flower Lantern," and won the Excellence Prize in the poetry contest held by the Restful Waters Association.

벚꽃 질 때

권 양 순

벚꽃이 눈처럼
하늘 길목에서 흩날립니다

하얀 꽃 등불 위에
발레 하는 무희처럼 춤춥니다

꽃잎 나부끼는 유희
눈길 걷듯 걸어봅니다

맑고 고운 수줍은 새색시처럼
떨어진 꽃잎들 피식피식 하얗게 웃으며

희고 밝으라 제게 속삭입니다

권 양 순
- 〈사상과 문학〉으로 시 등단.
- 시집 〈꽃 등불〉 발간.
- 사단법인 쉴만한 물가 공모전에서 본상 수상

Retiring at the Retirement Age

Geun-ki Paik

Our Lord came to Galilee and met the fishermen.
When He said, "Follow me,"
His disciples obeyed Him.
The meeting of the moment was eternity.

In a new mountain village in Chungcheong Province,
my mom used a fire poker in the kitchen.
Making a fire, turning it over, and taking it out,
she used it every morning and evening.

Humble as a fisherman,
I've been like the fire poker.
I've been obedient to him like the fishermen.
I've been used like the fire poker by Him.

As a church pastor for half a century,
I've lived like a green pine tree, whose branches
are covered with words of life, response, and miracle.
Today in front of His love,
I, as a green pine tree, bow down to Him.

Retiring at the retirement age, I close my eyes;
my past life as a pastor flashes before my eyes.
The blueprint for tomorrow comes to mind,
just like a rainbow rising from Him.

— at my retirement ceremony in the Korean Methodist Church(April 18, 2023)
— translated by Woo Hyeong-sook

Geun-ki Paik

graduated from Hyupsung University graduated from Methodist Missionary School
professor at Asian Theological School
president of the Global Gospel Missionary Society
president of the Christian Writers Association

정년 은퇴

백 근 기

갈릴리에서 어부를 찾아오신 주님
"너는 나를 따르라"하실 때
순종하던 그 제자들
순간의 만남은 영원이었습니다.

충청도 새로운 골짜기 마을에
울 엄마 부엌에서 쓰시던 부지깽이는
불을 지피며, 뒤집고, 꺼내시더니
조석으로 필요하게 사용하였습니다.

보잘것 없는 어부 같은 존재
있으나마나 한 부지깽이 같은 모습
어부처럼 그분께 순종하였고,
부지깽이처럼 그분께 쓰임 받았습니다.

반백년의 목회인생 그리고 목사나무
생존한 푸른 소나무처럼
가지마다 생명, 응답, 기적의 단어들
하얗게 덮으신 그분의 사랑 앞에
오늘따라 청송은 머리 숙여 드립니다.

슬며시 눈을 감아 보노라니
정년 은퇴로 목회인생의 주마등
내일을 그려 보는 청사진은
그분으로부터 무지개는 떠오릅니다

〈기독교대한감리회 경기연회 은퇴찬하식 – 2023. 4. 18〉

백 근 기

- 충남 홍성 출생, 아호: 청송(靑松), 시인
- 협성대학교 및 감리교신학대학원 박사원(D.MISS) 졸업
- 아시아신학원 교수
- 글로벌복음선교회 회장
- 사단법인 기독교문학가협회 상임회장 겸 법인상임이사
- 시집 : 『인생 그리고 목사나무』 『자유통일』

現 時 論

노벨문학상의 의의와 글로벌 문학 정신

윤춘식

노벨문학상의 의의와 글로벌 문학 정신

윤 춘 식

알프레트 노벨(Alfred B. Nobel)은 1896년 세상을 떠났다. 그의 유언장에서 노벨문학상을 받아야 할 대상에 대하여 두 단어로 정의했다. "문학 분야에서 이상주의 경향이 가장 뛰어난 작품"을 낸 사람에게 상을 주고 싶다는 뜻을 적어 놓았다. 가장 뛰어난 작품을 쓰되 이상적인 방향으로… 1895년 11월에 서명된 유언장에서 알프레트 노벨은 매년 전년도까지 "인류에게 가장 큰 혜택"을 이룬 사람들에게 보상하도록 일련의 상을 배분하는 기금에 자신의 전 재산을 마련했다. 시간이 지남에 따라 범주가 추가되고 수정되었지만, 처음에는 물리학, 화학, 생리학 또는 의학, 문학 및 평화의 다섯 가지 범주만 있었다.

1. 노벨문학상의 필요에 대한 의의

알프레트 노벨이 말한 이러한 '이상주의적 경향의 작업'이나 '이상적인 방향'은 무엇을 의미하는가? 스웨덴의 자선 사업가이자 화학자인 알프레트 노벨이 유언으로 남겼던 5대 상(賞) 가운데 하나인 문학 분야의 가장 권위 있는 노벨문학상을 위해 해마다 울려 퍼지는 이름들에 촉각이 곤두세워져 있다. 이 상을 수여하기 위한 지시사항은 짧고 모호한 문구에 담겨 있다. 이는 120여 년 전에 자선가가 작성한 제안 사항이 아직도 유효한지에 대해서 의문을 품는 이들도 많다. 그해 가장 주목할 만한 "이상주의 경향" 작업을 통해 노벨이 자신의 유언장에서 무엇을 언급했는지 탐구해 볼 가치가 주어진다.

2021년은 노벨문학상을 수상한 '압둘라자크 구르나'(Abdulrazak Gurnah)의 해였다. 그는 "타협하지 않고 자비로운" 글쓰기로 스웨덴 아카데미로부터 인정받았다. 그를 발견하기 위한 세 단계의 작품들이 있다. 탄자니아 출신 작가이자 영국에 거주하는 그는 미국 시인 루이스 글뤼크(Louise Glück)의 뒤를 이어 1986년 이후 이어서 아프리카 흑인 수상자가 되었다. 그는 말한다. "왜 우리는 거의 노벨문학상을 받지 못하는 걸까요? 왜냐하면 세계 최고의 작가라고 해서 항상 그 상을 받아들일 수는 없기 때문입니다." 탄자니아 압둘라자크 구르나의 봉기 이후 노벨문학상 전문 관계자들은 알프레트 노벨이 2021년에 가장 주목할 만한 작가는 이 사람이라고 말했다. A. 구르나는 1948년에 태어나 잔지바르섬에서 자랐지만 1960년대 후반에 난민으로 영국에 와서 최근 은퇴할 때까지 교수로 재직했다. 캔터베리에 있는 켄트대학교에서 영문학과 탈식민 문학을 전공했다. 그는 1986년 월레 소잉카(Wole Soyinka 나이지리아 작가) 이후 다시 35년 만에 노벨문학상을 수상한 아프리카계 흑인 작가이다. 스웨덴 문학 아카데미(한림원)는 당시 "식민주의에 대한 단호하고 연민 어린 통찰을 보여준 압둘라자크 구르나를 2021년 수상자로 선정했다"고 밝혔다. 수상자는 상금 1,000만 크로나와 함께 메달과 수여 증서를 받는다.

구르나는 10편의 장편소설과 다수의 단편소설을 발표했다. 스와힐리어가 모국어였지만 영어로 글을 썼다. 그의 문학 작업 전반을 관통하는 주제는 난민의 혼란이다. 1987년에 쓴 데뷔소설 『출발의 기억』은 모국에서 발생했으나 실패한 봉기에 관한 이야기였다. 두 번째 작품 『순례자의 길』(1988년)부터는 줄곧 망명 생활의 다면적 현실을 탐색하는 작품이다. 세 번째 단계의 소설 중 국제적으로 잘 알려진 제목으로는 『낙원』(Paradise · 1994년), 『황폐』(Desertion · 2005년) 『바이 더 시』(By the sea · 2001년)가 있다. '낙원'과 '바이 더 시'는 영국 최고 권위의 부커상 후보에도 올랐었다. 한림원은 "압둘라자크 구르나의 소설에 나오는 떠돌아다니는 인물들은 문명과 대륙 사이, 과거의 삶과 새로운 삶 사이의 틈에서 결코 해결될 수 없는 불안정한 상태를 보여준다."고 평가했다. 이것이 노벨문학상 심사위원장 안데르스 올손(Anders Olsson)으로 하여금 그를 "식민주의 이후 시대 작가들 가운데 가장 뛰어난 작가 중 하나"라고 꼽도록 만들었다. 로이터 통신에 따르면 구르나는 이날 수상소감을 묻는 기자들의 질문에 "수많은 작가가 노벨의 명단에 이름을 올리는 이 상을 받게 돼 영광"이라고 말했다. 아프리카 작가가 노벨문학상을 받은 것은 다섯 번째이며 2003년 "존 맥스웰 쿳시"(남아공 출신의 호주 작가) 이후 18년 만이다. 노벨문학상은 과거 수상자 118명 중 96명이 유럽이나 북미 출신이고 여성은 17명(2014년+1명)이어서 수상자의 다양성이 부족하다는 지적을 받아왔다. 이러한 격렬하고도 세계적인 지적은 스웨덴 아카데미도 비껴갈 수 없는 큰 관심 조항이 되고 있다.

호로닝언 대학교(네덜란드) 유럽 문학과 문화 교수이자 스웨덴 아카데미로부터 여러 차례 지명 제안 요청받은 전문가 중 한 명으로서 '파블로 발디비아'(Pablo Valdivia)에게는 노벨의 말을 일부 과학자들의 인본주의적 성격과 함께 동시에 맥락 화하는 것이 중요했다. 과학과 문학은 절대적인 이상을 추구해야 하며 사람들의 삶을 개선하거나 세계 평화를 이루는 것과 같은 위대한 서사의 일부가 되어야 한다는 것을 이해한 19세기의 "노벨이 이상을 달성하는 것에 대해 말한 것을 오늘날의 언어로 해석한다면, 그것은 지속 가능한 개발 목표와 동등함이 될 것이다. 그러한 목표에 가까운 작품에 상이 수여되어야 하는 것과 같은 이치이다."라고 말한다. "현실은 문학이 형제애 상호간에서 도덕 원칙과 일치할 필요가 없고, 우리가 탁월하다고 생각하는 문학 텍스트가 도덕에 동의할 필요도 없다. 더 나아가 노벨이 남겼던 유언시대의 문학 개념은 오늘날의 문학 개념과 매우 다르다는 점을 명심해야 한다."고 언급했다.

따라서 누가 문학상을 받아야 하는지는 작품 속의 도덕적 표현의 유무를 떠나 아카데미 회원들에게 맡겨져 있다. 이에 따라 노벨상의 공허한 명령에서부터 그 공허함을 부분적으로 메우기 위해서는 노벨상이 정치화되었다고 본다는 입장을 취했다. 누구도 그 '방향'이 무엇인지, 왜 그것이 '이상적인지' 말할 수 없기 때문이다. 소설가 '곤잘로 토르네'(Gonzalo Torné 스페인 작가)가 말한 것처럼 "우리는 더 밝은 프리즘에서 노벨의 말을 심사숙고할 수도 있습니다. 나는 노벨이 우리가 더 나아지거나 기분이 좋아지도록 돕는 문학을 언급했다고 생각합니다." 이는 잠재적으로 많은 것을 함축하기도 한다. 그는 이어서 "오늘날 우리가 스스로에게 질문을 던지면 문학이 목적을 달성하는지 세상을 변화시키는 데 도움이 되는지에 대한 논의가 부활할 위험에 처한다고 생각합니다."라고. 그는 el Diario.es에서 설명했다. "앞에서 말한 두 가지 모두를 거부하고 싶은 유혹이 있지만 사실은 그렇습니다. 두 가지 모두에 도움이 되고 변화를 가져옵니다. 이를 이해하고 인식을 얻는 데 도움이 됩니다. 그리고 어떤 식으로든 친구와 지인들에게 영향을 미치며 개인 세계를 변화시킵니다. 모든 것이 작동하는 것은 아니지만 일부는 작동합니다. 상업적인 문학, 게으른 문학, 비굴하거나 도움이 되지 않는 문학은 아무 소용이 없습니다. 의외의 까다로운 각도에서 세상과 인간을 통찰하는 사람이 유용하다고 생각합니다. 그리고 진실은 노벨상이 종종 위험을 감수하고서라도 성공하는 상이라는 점입니다. 자, 우리의 일상적이고도 무미건조한 비평가상과는 반대되는 상입니다."라고 덧붙였다.

(1) 2022~23년 수상의 승리자

2022년 노벨문학상은 프랑스 작가 '아니 에르노'(Annie Ernaux)에게 주어졌다. 작가이자 현대문학 교수인 그녀는 "개인 기억의 뿌리와 소외 집단적 장애물을 발견하는 용기와 꾸밈이 없는 임상적 예리함" 덕분에 수상했다. 저자가 자신의 낙태에 관해 이야기하는 책인 The Event는 많은 사람이 프랑스어 방식으로 읽기 시작하기에 가장 좋은 책이었다고 전한다. 2023년에는 노르웨이의 극작가이자 시인인 '욘 포세'(Jon Fosse)에게 수여되었다. 아카데미는 "말할 수 없는 목소리를 전달하는 그의 혁신적인 희곡과 산문"에 관해서 상을 수여했다. 그는 유럽에서 가장 중요한 작가라는 정평을 받는 인물이다. 헨리크 입센과 사뮈엘 베케트와 비견되기도 한다. 그는 노르웨이의 공용어 중 하나인 뉘노스크로 희곡과 소설, 시와 에세이 그리고 아동문학과 번역서에 이르기까지 다채로운 글을 썼다. 뉴욕타임스는 그의 작품을 가리켜 "맹렬하고 시적 간결함을 지니고 있다"고 평했다.

(2) 2024년 10월 스페인 아카데미가 언급한 한국 관련 BBC 기사 (번역)

스웨덴 아카데미는 이번 목요일 한국 작가 한강에게 2024년 노벨문학상을 발표했다. 아카데미는 "역사적 상처에 맞서고 인간 삶의 취약성을 폭로하는 강렬한 시적 산문"으로 한국인 한강을 선정했다. 아카데미에 의하면, 한국의 작품은 "역사적 트라우마와 보이지 않는 규칙에 직면하고 있다"고 말했다. "그녀는 몸과 영혼, 산 자와 죽은 자의 연결에 대한 독특한 인식을 하고 있으며, 시적이고 실험적인 스타일로 현대 산문의 혁신가가 되었다."라고 덧붙였다. 53세의 한강은 이 중요한 상을 받은 최초의 아시아 여성이다. 자국에서 2007년 소설, 이 작가는 시적인 산문으로 돋보이는 [채식주의자]를 출간한 뒤 명성을 얻었다. 이 소설에서 한강은 잠을 자다가 심한 악몽을 꾼 뒤 어느 날 고기를 끊기로 결심한 영혜의 삶을 세 부분으로 폭로한다. 서울에 거주하는 한강도 18번째 여성 노벨문학상 수상자가 됐다. 마지막은 2022년 '아니 에르노'였다고 평설했다.

2. 노벨문학상이란 무엇이며 누가 수상할 수 있는가?

당신은 분명히 삶의 어느 시점에서 생각해보았을 것이다. 노벨상과 그 연구 분야에서 가장 뛰어난 지성으로 여겨지는 수상자에 대해서…. 그런데 노벨이 사람의 성(氏)이기 때문에 이런 이름이 붙었다는 사실을 알고 계셨나요? 이 상의 이름은 1833년에서 1896년 사이에 세상에 살았던 스웨덴 발명가요 주로 다이너마이트 발명으로 유명하다.

(1) 선정 과정은 어떻게 이루어지는가?

노벨 문학위원회는 매년 아카데미 회원, 문학, 어학 교수, 전 노벨문학상 수상자, 작가 단체 대표 등 문학 분야 전문가를 초빙해 전 세계 어디에서나 가능한 후보를 추천한다. 그들은 세계 각국에서 들어온 후보자들의 작품들을 최상으로 집약한 요약 편을 가지고 있다. 세계에서 후보자들을 천거하는 가운데는 실제 후보자 개인은 나설 수 없으며, 참조가 불가능한 이 추천은 수백 건의 지원서를 검토하는 5명의 위원으로 구성된 노벨 문학위원회에 보내진다. 그러나 최종 우승자를 선정하는 것은 이 조직이 담당하지 않는다. 왜냐하면 이 결정은 18명의 회원으로 구성된 스웨덴 아카데미의 일이기 때문이다. 그리고 아카데미가 마침내 새로운 노벨문학상 수상자를 선정하는 시기는 그해 9월이며, 수상자는 회원 투표의 절반 이상을 받아야 한다.

우리가 결정하고 결정이 내려지면 상임 비서가 나와서 전화를 겁니다. 그렇게 전화가 시작되고 때로는 수상자를 내기가 어렵고 시간대가 맞지 않을 수도 있습니다. 우리가 선별하고자 이야기하는 그 사람을 위한 시간은 세계 어느 곳에서나 전화로 이루어집니다.

라고 심사위원은 설명한다. 수상자는 24캐럿 도금된 금메달과 수여증서, 노벨 상금을 받는다. 수상자가 사망하기 전에 지명되지 않는 한 사후에 수상할 수 없다. 또한 모든 후보자의 이름과 후보자에 대한 기타 정보는 50년이 지날 때까지 공개될 수 없다. 선정 과정에서나 거처도 공개되지 않는다. 심사위원들의 선정 유세나 관록은 침묵하며 단지 대상자 발표에 이어 선정 이유가 공표될 따름이다.

(2) 평가 기준

노벨문학상 결정권에 관여하는 '엘렌 맷슨'(Ellen Mattson)은 상을 받기 위한 유일한 요건은 작품성의 품질이라고 설명한다. 수상자 선정은 연령에 관계없다. 그는 말하기를 "나에게 있어서 그것은 글을 통해 듣는 목소리입니다. 다른 어느 곳에서도 찾을 수 없는 특정 작가의 작품에서 발견되는 목소리를 말합니다. 그것이 무엇인지 설명하기는 매우 어렵지만, 그것을 찾으면 항상 소통하게 됩니다. 그것은 당신이 타고난 것인 동시에 특정 작가의 작품에 추가적인 차원을 부여하는 재능입니다." 시와 번역, 심지어 음악 가사까지 스웨덴 아카데미에서 선택할 수 있다. 예를 들어, 노벨문학상 역사상 최초의 스페인인 '호세 에체가라이'(José Echegaray)와 2016년 미국 포크 가수 '밥 딜런'(Bob Dylan) 등이 노벨문학상을 수상했다.

또한 1945년 칠레 시인 가브리엘라 미스트랄에게는 "라틴 아메리카 세계 이상주의의 상징으로 끌어올린 격렬한 감정에서 영감을 받은 그녀의 서정성"으로 인해 수상 소식이 전해졌다. 하지만 스페인 여류작가이며 저술가인 '콘차 에스피나'(Concha Espina)의 경우, 28년 동안 25번이나 노벨문학상 후보로서 강력한 지명을 유지했으나 차지하지는 못했다. 또한 20세기 라틴 아메리카 문학의 마술적 사실주의의 핵심이었던 아르헨티나의 문호 '호르헤 루이스 보르헤스'(Jorge Luis Borges)도 받지 못했다. 사실주의에서 앵글로색슨 모더니즘으로의 전환에 중요한 역할을 한 것으로 알려진 미국 출신 소설가 '헨리 제임스' 도 있다. 그뿐만 아니라, 20세기 아방가르드 앵글로색슨 모더니즘 운동의 지지자이자 유명한 페미니스트인 '버지니아 울프' (Virginia Woolf) 역시 그랬다. 많은 사람은 이들 작가가 정치적인 이유나 기타 비문학적인 이유로 인정받지 못했다고 믿지는 않는다. 이런 부류(요소)가 바로 논란의 중심에 시퍼렇게 남아있다. 더욱이 1964년은 '장 폴 사르트르'에게 힘들고 특이한 해였다. 그해 선정된 노벨문학상 거부는 정치적 외압에 의해서가 아닌 순수 개인적인 처신의 문제였다. 실존철학자로서 그의 문학 이론에서는 어느 단체에 예속(제한)된다거나 영향력 아래 명명된다는 것 자체를 수용할 수 없었다. 그는 권력이나 종교 아래서 혹은 문화라든가 노벨상의 권위에까지 모든 성질의 권위와 재정적 가치를 부정하려고 했기 때문이다. 그에게는 이러한 행동 노선이 곧 참여 문학론이었다. 그 참여란 다름 아닌 인간의 의식과 행동에는 자유 의지가 있으므로 그 선택하는 일에 대한 책임을 지는 것을 참여라고 보았다. 그에게 있어 글쓰기는 행위일 뿐 아니라 자유로운 참여라고 여겼던 것이다. 이는 훗날 '밥 딜런'에게 노벨문학상을 안겨주게 될 긍정적인 불씨가 되기도 한다.

3. 노벨문학상의 필연성

소설가나 시인에게 노벨상을 받기 위한 연령대는 없다. '정말 좋고 뛰어난' 작가가 되려면 오랜 세월이 걸리며 이론적으로는 누구나 후보에 오를 수 있다고 말한다. 훌륭하고 뛰어난 작품을 쓰는 사람이면 누구에게나 다른 요구사항은 없고 작업의 품질(세계 보편성과 이상적인 영향력)만 있을 뿐이다. 시상식은 매년 개최된다. 2023년 기준으로 노벨상의 상금은 1100만 크로나에 해당한다. 전년도에 비해 100만 크로나가 늘어난 금액이지만 한화로 환산하면 거의 비슷하다. 노벨상금은 매해 새로 책정되는 것으로 알려져 있다. 알프레트 노벨은 더 나은 세상에 대한 비전을 가지고 있었다. 그는 인간이 지식, 과학, 인문주의를 통해 사회를 개선하는 데 도움을 줄 수 있다고 믿었다. 이것이 바로 그가 인류에게 가장 많은 혜택을 가져온 발견에 보상하는 상을 만든 이유이다.

노벨문학상 수상자 선정의 기준은 작품의 품질에 관한 것이다. 물론 문학적 품격과 보편적 수준이다. 승자는 훌륭한 문학을 쓰는 사람, 그것을 읽을 때 어떤 힘, 그의 저술 전체를 통해 지속되는 발전이 있다고 느끼는 사람이어야 한다. 매년 10월 둘째 목요일에 스웨덴 문학 아카데미는 유명한 노벨문학상을 받을 만한 작가의 결정을 발표해 왔다. 문학과 서적 분야에서 많은 사람에게 이 상은 작가가 받을 수 있는 최고의 영예를 의미한다. 그것을 받음으로써 당신은 실질적으로 세계의 보편적 문학사에서 한 자리를 확보하게 된다.

한편 왜 다양한 목소리로 논란이 일어나는가? 앞서도 언급했던 8년 전, '밥 딜런'이 수상자로 발표되자 논란이 엄청났다. 미국의 싱어송라이터 음악가의 침묵 자체가 그가 정말로 상을 받는 것을 편안하게 느끼는지에 대한 의구심을 불러일으켰다. 특히 한 작가는 냉소적인 방식으로 노래하는 그들이 이제 노벨 물리학상을 받을 가능성이 더 가까워졌다고 장담했다. 노벨 문학위원회는 그의 노래를 실질적인 시로 분류하고서 "위대한 미국 가요의 전통 속에서 새로운 시적 표현을 창조해 냈다"라고 전통을 과감하게 깨뜨린 작가에게 그 공로를 인정했다. 문학에 대한 폭넓은 경험과 활동을 포함하여 영어의 '리터러쳐'(literature)가 글(작품) 자체뿐만 아니라 〈글쓰기의 행위〉까지 포함된다는 사르트르식 해석을 가능하게 한 세계적 사건이기도 하다. 많은 논란 속에서 밥 딜런은 시상식에 참석하지 않기로 결정했다. 문학이 음악, 연극, 기타 예술적 표현을 통해 형성되는 방식에 대해 성찰하는 긴 서신을 보냈다. 이 음악가가 금메달과 수여 증서를 찾기로 결정한 것은 이듬해 4월이었다.

2010년 노벨문학상 수상자 '바르가스 요사'(M. Vargas Llosa) 자신도 아이러니하게도 이 상을 수여했다. 그는 좌에서 우로 전향했던 정치가답게 해학을 비췄다. "아마도 미래에는 일부 축구 선수가 이 문학상을 받을 수 있을 것이다"고 주장했다. 다시 말하면 바르가스 요사와 관련해 페루 국민은 수년 동안 가장 뛰어난 작가에게 이러한 구별을 부여해 줄 것을 거의 큰 소리로 요구했다. 그리고 스웨덴 문학 아카데미의 주장과 무관심이 너무 커서 2010년 10월 마침내 우승자로 발표되었을 때, 페루 작가 자신도 그것이 농담이라고 생각했다고 전한다. 하지만 받은 이들에게 딜레마가 있었던 것처럼, 받지 못한 이들에게도 논란이 일었다. 불편한 진실은 20세기의 가장 중요한 작가였던 보르헤스의 경우는 이미 그 자체로 보편적인 그의 대작을 생각하면 상을 받았어야 마땅했다고 전한다. 이러한 이유와 관점은 노벨상이 한 작가의 작품의 규모를 높이는 대신, 묻혀 있는 작가에 대한 헌신이 작가의 작품의 규모를 낮출 수도 있다는 것을 분명히 한다. 그렇다면 노벨문학상을 받고 못 받고의 가장 현저한 차이점은 무엇일까? '바르가스 요사'가 콜롬비아 언론 매체에 나누었던 인터뷰에서, 당시 아직 노벨상을 받지 못한 페루 작가는 말하길, 진정한 작가라면 이 장점이 무엇을 의미하는지 완전히 무시해야 한다고 일침을 놓았다.

예, 그것을 얻는 것을 꿈꾸는 것은 가치가 있지만, 작가가 이것에만 집중하면 그의 작품은 잠재력을 잃고 역사에서 한 자리를 얻는 허영심에 눈이 멀게 되며 시간의 실제 효과는 그를 불신하게 만들 수 있습니다… (중략) 그리고 상을 받지 못했다는 사실이 작가가 보르헤스나 제임스 조이스 같은 보편적인 천재의 작품을 가질 수 있다는 것을 의미하지는 않습니다.

4. 노벨문학상에 관한 5가지 흥미로운 사실

세계 문학계의 충격이 있었다. 성 스캔들 이후 스웨덴 아카데미가 결단한 대로 노벨문학상은 그해 수여되지 않았고 이듬해로 연기되었다. 이 권위 있는 상에 대해 알아야 할 다섯 가지 필수 사실은 다음과 같다.

(1) 최고의 영재

스웨덴 아카데미는 16개의 상을 수여하며, 가장 잘 알려지고 기부금이 많이 부여된 상은 노벨문학상이다. 발명가 알프레트 노벨은 자신의 유언장에서 문학상에 대해 지시한 것은 이미 밝혔다. 1901년부터 3년 동안 선출된 18명의 위원 중 4~5명의 위원은 모든 학계에 이름 목록을 제출하기 전에 가능한 승자의 추천 제안을 수집하고 토론하는 일을 담당한다. 아카데미는 투표를 수행하며 그 결과는 절대다수를 얻은 자에게서 멈춘다.

(2) 연간 350건의 제안

스웨덴 아카데미의 기록 보관소는 문학과 출판계의 거물들이 보낸 e메일로 가득 차 있다. 이는 교묘하게 학계의 관심을 불러일으킨다. 매년 그들은 문학 분야의 이전 수상자, 학자, 조직 및 기타 전문 교수들로부터 평균 약 350개의 서면 추천 제안서를 받는다. 후보자는 매년 2월 1일 이전에 제출되어야 한다. 그리고 추천된 후보자 자신은 살아 있어야 하며 원칙적으로 작년에 출판한 작품집 저술이 있어야 한다.

(3) 공백의 세월과 거부 경우

노벨문학상 수상자 수는 흥미롭다. 사르트르의 경우, 전례 없는 결정이자 노벨 유언장에도 예견되지 않았던 결과를 초래했다. 사르트르가 비록 상금을 받지는 않았지만, 여전히 수상자 목록에는 자격을 유지하고 있다. 1958년 러시아의 시인 '보리스 파스테르나크'(Boris Pasternak)는 소련 정부의 압력으로 상을 거절할 수밖에 없었다. 또한 1901년 이후 주로 세계 전쟁 기간인 1914년과 1918년, 1935년 1940년, 1941년, 1942년, 1943년 등 일곱 차례에 걸쳐 노벨상이 수여되지 않았다.

(4) 유럽의 프랑스 문학

올해를 기준으로 유럽 수상자 명단에는 프랑스어권이 1위(16명)를 차지했다. 1901년 첫 수상자인 '쉴리 프뤼돔'(Sully Prudhomme)은 프랑스 시인이었다. 그다음에는 미·대륙 자체와 영국이 각각 상을 받았다. 그러나 몰리에르의 언어는 셰익스

피어의 언어에 의해 왕좌에서 밀려났으며, 노벨상 제정 이후 30명의 영어 작가가 문학상을 받았다.

(5) 살만 루슈디(Salman Rushdie) 사건

1989년 이슬람교도들이 금지한 '사탄의 시'를 쓴 영국 작가 살만 루슈디 사건에 대해 학자들은 '문학의 독립'이라는 미명 아래 입장을 자제했다. 일부 학자들은 이 작품으로 인해 '파트와'(아랍어 fatwa 종교 포고령)에서 사형을 선고받은 작가에 대한 솔직한 지지를 옹호하는 반면, 다른 학자들은 기관의 중립성을 보장하기를 원했다. 그들의 침묵에 분노한 스웨덴 아카데미 회원 3명이 사임 권한은 없었지만, 자리를 떠났다. 허나 불과 30년도 못 되어 2016년에 스웨덴 아카데미는 루슈디를 상대로 시작된 파트와에서의 일들을 비난했다.

이처럼 노벨문학상은 이름에서 알 수 있듯이 작가가 생전 (특이한 경우 사후)에 받을 수 있는 최고의 상이다. 1896년 제정된 이 상은 이슈의 작품에 대한 세계적인 인정임에는 틀림없다. 많은 사람이 수상 작가의 문학적 가치와 관련이 없고 오히려 그의 정치적 태도 및 수준과 관련이 있다고 주장하기도 한다. 판매와 패션, 홍보 이런저런 이유에 대한 그들의 논평 특정 집단과의 동질성, 누가 또는 어떤 권력이 그를 지지하는지 등 누가 알겠는가?

설문 조사에 따르면 노벨상을 받을 자격이 있었지만 받지 못한 일부 작가도 있다. 그중 카를로스 푸엔테스, 훌리오 코르타사르, 칠레의 비센테 우이도브로 등은, 전쟁이 주요 시장이었던 다이너마이트로 돈을 벌어 인생의 부자가 된 사람에게서 상을 받지 않았기에 다행이며 기쁘다는 작가들이 실제로 적지 않다.

5. 글로벌 문학 정신과의 교감

한편 동아시아권에서 노벨문학상을 수상한데 대한 평가는 평범하지만 의미심장하다. 중국의 작가가 받은 노벨문학상에도 그 평가는 특이하지 않다. 문학을 전공하거나 세계문학을 분석하는 평론가들에게는 그 평설이 낯설지 않다는 말이 된다. 2012년 모옌(莫言)의 작품을 두고 노벨 문학위원회로부터 "중국의 역사와 현실을 버무린 상상력으로 중국 농촌과 도시의 애환을 심도 있게 그려내고 있다"는 평가를 받았다. 그는 1975년부터 〈문예지〉의 프랑스 문학 담당 편집자로 일하기 시작했다는 시점을 예의주시해야 한다. 작품의 주제라 할 수 있는 '부조리의 개념을 정립' 해 나갔음도 결코 내려놓을 수 없는 작가정신이라 할 수 있다. 그는 중국의 문화대혁명을 겪으면서 인류적 시련을 맛보았고, 당시 중국공산당의 공포정치와 테러에서 부조리의 근원을 읽어내고 연극적인 요소를 통해 이를 제시해보려는 것을 자신의 문학 본령으로 삼았다. 더욱이 '독일문화교류재단'의 초청받아 독일을 방문했다. 이듬해 1989년 천안문사건이 일어난 후, 해외 체류를 결단, 그 후 지금까지 프랑스에 거주하고 있음도 간과할 수 없는 요인이라 할 수 있다. 결국 중국의 역사적 심성을 서구의 관점으로 풀어 글쓰기를 했다는 점이다.

동일한 시점에서 중국계 장시 출신, 가오싱젠(高行健)은 프랑스에 귀화한 후 1997년 프랑스 국적을 획득하고 2000년에 노벨문학상을 수상했다. 모옌보다 12년 앞서 받았으나 1987년 중국을 등졌다는 것과 '천안문사건'이 발발한 뒤 중국 정부의 대응을 공개적으로 비판한 점에 대해서 그의 모든 작품을 금서로 정하고 중국 입국을 금지시킨다. 천안문사건을 배경으로 희곡『도망』을 발표하고 나서이다. 그의 대표작『영혼의 산』은 문학으로서도 수작이지만 "여러 인칭을 작중 인물로 세워 거울처럼 서로를 반사한다."는 평과 "같은 시간과 공간 때로는 상이한 시공간적 차원에서 움직인다. 이야기를 따라가다 보면 이들이 한 인물의 다양한 면모를 보여준다는 생각이 들게 된다. 남들과 터놓고 자유롭게 대화하지 못하던 시절, 혼잣말을 하다 보니 머릿속에 여러 명의 자신과 대화했다는 작가의 회상을 떠올리게 한다."는 묘사는 문학이 아니고서는 이토록 아름다운 자신의 분신들을 만날 수 있을까. 한편 우리는 스웨덴 아카데미(한림원)의 노벨 문학위원회 대표의 매료된 모습을 엿볼 수 있다. 아카데미 문학위원회는 수상 이유를 아래와 같이 밝혔다. 그러나 중국 정권은 중국 모국어로 쓴 작품의 수상 소식조차 자국에 알리지 않았다.

그의 문학이 보편타당성, 씁쓸한 통찰과 언어적 독창성을 지닌 작품을 통해 중국 소설과 드라마의 새로운 지평을 열었다.

(1) 문화인류학적인 보편성과 글로벌 문학 정신

노벨문학상이 서구적 모델로써 모범을 택한 것은 숨길 수 없는 사실이다. 많은 경우 번역의 중요성을 강조하지만, 번역만이 중요한 것은 아니다. 문학위원회에서는 전문 번역자에게 맡겨 추천된 작가의 다른 작품을 읽고 이해하는 경우도 있다. 문제는 세계적 의제(議題)이다. 즉 세계의 보편성이라는 것을 다룸이다. 인간 존재의 자발성 문제이다. 현실에서 충분하지는 못해도 필요가 절실해지면 어휘와 표현으로 호소하게 된다는 의미이다. 인권, 인종, 정치, 종교적 갈등과 해소, 빈곤과 고통, 현실의 사회 문제들을 포함한 환경 요인 등 심지어 파괴력, 부패와 타락의 개념들까지 서구적 발상으로 이어지고 있다. 인류사회를 이해하는 수단에서도 서구적인 체계 안(그물망)에서 전개되는 상호공존과 타당성을 말한다. 문학의 평가 기준이 서구 편향성을 원색적으로 지지할 수는 없으나 각자의 현실 속에서 보편적인 언어를 찾아 나서야 한다. 이것은 문학적 재능과 훈련으로 열린다고 본다. 이미 정해진 윤리의 범례들, 선과 악, 득과 실, 밝음과 어두움, 이해와 오해 등 고집스럽지 않으며 추상적이지도 않는 이해를 돕기 위해서는 세계의 지평에서 정보들을 관찰해야 한다. 즉 구체적인 현실에서의 출발이다. 소설에서는 주인공의 현장이며 삶이다. 앞서 언급한 중국계 프랑스인 가오싱젠이나, 인도계로서 영국령 트리니다드 토바고에서 출생한 V. S. 나이폴이 그러하다. 시에서는 지역민과 세계를 동시에 품는 담백한 고백이며 상상력이다. 문학이 성립되는 가장 초보적 범주를 포함한다.

세계문학으로서의 세계인의 공감이 되는 작품을 써야 한다. 그러려면 우선 한국적인 풍광만으로 절인 공간의 한계를 벗어나야 한다. 이것은 새로운 시도나 방식이 아니다. 우리의 현실에서 동떨어져 있으며 작가들이 모르고 있을 뿐이다. 우리의 실존에서 진리를 찾으며 사상의 확장과 관용이 절실하다. 우리에게는 현실적으로 한국어만 가지고 이웃과 호흡하며 살아왔다.

과거 3국 시대의 역사를 한민족의 정통성에서 자존심으로 자랑할 만한 것이지만, 우리 언어로만 이루어진 삼국시대였다. 한반도 내 다른 부족이 없었기에 그들의 역사와 다른 문화를 존중한다거나 그들과의 외교관계에서 국제 수준을 유지할만한 다른 언어권 부족민이 없었다. 따라서 우리에게는 굳이 문화인류학이나 민족 간의 평화스러운 교류나 인간적 처신이나 처방하는 소통기술이 거의 축적되지 못했다. 그저 국경이 맞닿은 이방 민족을 향해 침입자와 오랑캐라는 대상으로 계속적인 전쟁을 취해 왔을 따름이다. 진실로 적대적인 관계를 유지해 왔다. 따라서 오늘날 글로벌 시대에 지평을 넓혀갈 만한 다양한 역사와 언어 표현에 대해서 준비해 두지 못한 것이 사실이다. 주변국 일본이나 중국에서는 전혀 다른 부족사회를 두고서 세계를 향한 기초훈련과 교육이 준비되었고 문학에서도 드러나 있지 않은가. 문학의 보편성과 사회성이 세계 속에서 투철해지려면 먼저 문화적 접촉에서 그러한 공감이 확립되어 읽혀야만 한다. 신토불이가 어떻게 세계인의 가슴 속에 보편성을 형성할 수 있겠는가? 문학은 본질적으로 편향성과 독점을 외면하는 한편 즐거움과 교훈이 용해되어야 한다. 각각의 문화는 나름대로 독특한 가치와 의미를 지닌다. 절대적 가치로 우열을 가릴 수 없다는 것도 수용해야 한다. 멜팅포트(melting pot 용광로) 속에서 개별은 무시되고 뭉개져 전체가 용해되기도 하지만, 샐러드볼(salad bowl 샐러드 접시)에 담긴 다양한 야채들은 각자 고유한 맛을 잃지 않고 유지한다는 뜻도 이해해야만 한다. 문화인류학의 방법론에서 가장 수용력이 높은 것은 문화 간의 유사성과 차이점을 규명해 타문화에 대한 이해의 폭을 넓히자는 비교론적 시각이 두드러지고 있다. 우선 세계문학을 거울로 삼아 현재의 장단점을 객관적으로 점검

해 보는 것이 순서이다.

(2) 문화인류학적 접근에서 총체적인 관점으로

총체적 관점이란, 문화를 언어, 지식, 예술, 법률, 도덕, 모든 분야의 관습을 포함한다. 이들은 상호 유기적으로 연결되어 있기에 문화를 이해하려면 부분이 아닌 전체를 조망해야 한다. 총체론이 관찰 가능한 영역을 지칭하는데 반해, 주관적인 영역만을 문화로 간주하는 관념론적 견해도 있다. 이러한 이론을 주목하다 보면 노벨문학상은 더욱 요원해진다. 그러므로 노벨문학상 수상자를 낳기 위해서는 우리의 국가, 언어, 어휘력, 예술 지식, 기능과 윤리 등 문화적 수준 전반이 뒷받침하는 주관적인 영역도 한 단계 더 도약해야 가능한 일이다.

다음으로 그 문학적 배경을 일본이나 중국, 대만 혹은 한국을 떠나서 생각해 보자. 2001년 카리브해 태생 V. S. Naipaul(나이폴)이 노벨문학상을 수상했다. 그는 1932년 영국령 트리니다드 섬에서 인도계 부모 아래서 태어난다. 유년 시절부터 영국식 교육을 받고, 서구 문명에서 영감을 받으며 성장한다. 그의 정체성은 핍박받는 피지배인도 아니었지만 그렇다고 온전한 서구인도 아니었다. 중년에 이른 그는 각국 각계의 경계인으로서 긴 여정을 걸었으며, 매일 머리가 터지는 악몽을 꾸는 신경쇠약으로 내몰리기도 했다. 수십 년간 이방인으로서의 삶을 보내며 비로소 영국의 한적한 시골 마을에서 식민지인도 영국인도 아닌 카리브에서 자란 한 인간의 이야기를 쓰기 시작했던 것이다. 그것이 대표작 「도착의 수수께끼」(The Enigma of Arrival, 1987)이며, 「세계 속의 길」(A Way in the World, 1994)이다. 주요 단어는 유년의 체험, 서인도제도(카리브), 노예, 이방인,

통찰력, 투시력, 전원詩 그리고 '프리즘과 같은 경이로운 책'으로 묘사된다. 우리에게는 생소한 인물일지 모르나, 나이폴은 영어 표현의 가능성을 확장시킨 공적을 인정받아 영국 왕실로부터 기사 작위를 받았다. 그가 평생토록 추구했던 정체성은 삶의 안정이었다.

 이제 글을 마무리하고자 한다. 독자층으로부터 베스트셀러로 알려진 작품만 노벨상으로 선정되는 것은 아니다. 대개 추천된 작가의 초기 작품이나 신인상 공모전에서 당선된 작품이 중·후기 때의 작품보다 노벨문학상 위원회에 적합한 성과를 일궈낼 수도 있다. 만약 일본의 '무라카미 하루키'가 선정될 경우 우리에게 이미 알려진 스토리보다는 처음 작품이 더 노벨상이 원하는 작가정신과 호응도와 글로벌 정신에 근접할 수 있으리라 본다. ♣

※ **노벨문학상 메달 뒷면 이미지** : 젊은이가 월계수 아래에서 뮤즈의 노래를 들으며 받아 적고 있다.

노벨상 모든 부문의 뒷면 둘레에는 아래와 같이 라틴어로 쓰여 있다.
"발명은 예술로 아름다워진 삶을 더 풍요롭게 한다."
로마, 베르길리우스의 아이네이스(Aeneis)에서 따온 구절이다.

윤 춘 식

- 목사, 문학평론가
- 아신대학교(ACTS) 선교학 교수
- 현, GMTI 선교교육원장

문학기행

박두진 문학관 기행

김 신 영

박두진 문학관 기행

김 신 영

　자연에서 역사로 다시 신성으로 시세계의 중심을 옮겨간 박두진은 대표적인 기독교시인이다. 그는 대표작 '해'를 통해서는 커다란 역사의식을 드러낸다.

박두진 문학관 전경

　안성에서 태어난 혜산 박두진은 정지용의 추천으로 1939년 일제강점기말에 〈문장〉지를 통해 등단한다. 박목월 조지훈과 함께 발간한 〈청록집〉은 박두진의 시세계를 규정하기도 하였다. 즉 자연을 통해 희망을 노래하는 목가적인 시인이라는 것이다. 박두진은 자연을 노래하였으나 그것은 자연으로 끝나지 않고 희망을 내포하면서 역사의식을 동반하고 있었다.

문학기행은 여러 사람이 함께 떠난 여행이라 시끌벅적하였다. 박두진 생가를 비롯 박두진 문학관에 이르러 그가 성취한 문학을 훑어보았다. 박두진이 후기에 기독교에 심취하여 펴낸 〈사도행전〉은 그러한 시심을 잘 드러내고 있다.

안성은 사통팔달의 중심지였던 조선후기 3대 장시의 시기를 거쳐 지금은 조용한 도시가 되어 있다. 융성하던 시기에 성행하던 조선시대의 시장답게 사물놀이인 바우덕이의 공연중심지이기도 하다. 사물놀이패들은 조선시대의 아이돌이나 마찬가지였다. 특히 여성 꼭두쇠인 바우덕이는 뛰어난 솜씨로 소고와 선소리의 공연을 펼쳐 여성으로서 정3품에 해당하는 벼슬을 하고 옥관자를 하사받기도 하였다. 바우덕이는 그렇게 전국을 유랑하는 남사당패를 이끌었다.

거기에 산좋고 물좋은 곳에서 박두진 시인은 태어났다. 박두진 문학관은 비교적 최근인 2018년 11월에 개관한 때문인지 시설이 아주 깨끗하고 현대적인 건물로 전시품까지 아주 잘 갖추

박두진 문학관 주변에 있는 큰 호수 금광호수

어져 있어 매우 좋았다. 인근에 금광호수는 바다처럼 넓게 문학관을 싸고 있었다. 이에 필자는 깊은 계절을 만끽하면서 살며시 불어오는 바람을 맞았다. 계절은 절정을 향하여 치닫고 환한 풍경은 운치가 있었다. 박두진 문학관에 도착해서 천천히 선생님의 유품을 살펴보았다. 진실과 믿음이 묻어나는 유품들에는 모퉁이가 다 닳은 성경책 한 권도 보였다. 철저한 기독교적 세계관으로 기운 후기작들도 생각보다 많았다. 초기에는 자연지향,

박두진 선생님의 서재 재현

중기에는 역사의식으로 작품의 경향이 바뀌었다.
　선생님의 서재에는 찻잔과 주전자가 보이고, 책상위에 가지런한 필기구, 그리고 성경책과 휴대용 돋보기, 맨 아래쪽에는 편지를 담은 항아리가 보인다. 평생 집필과 교육으로 살아간 흔적

이 역력하다. 바닥에 어리는 선생님의 시, 〈하늘〉이 내게로 여릿여릿 다가오듯이 관람자의 발밑에 여릿여릿 다가와 선생님의 아름다운 시를 감상하게 한다.

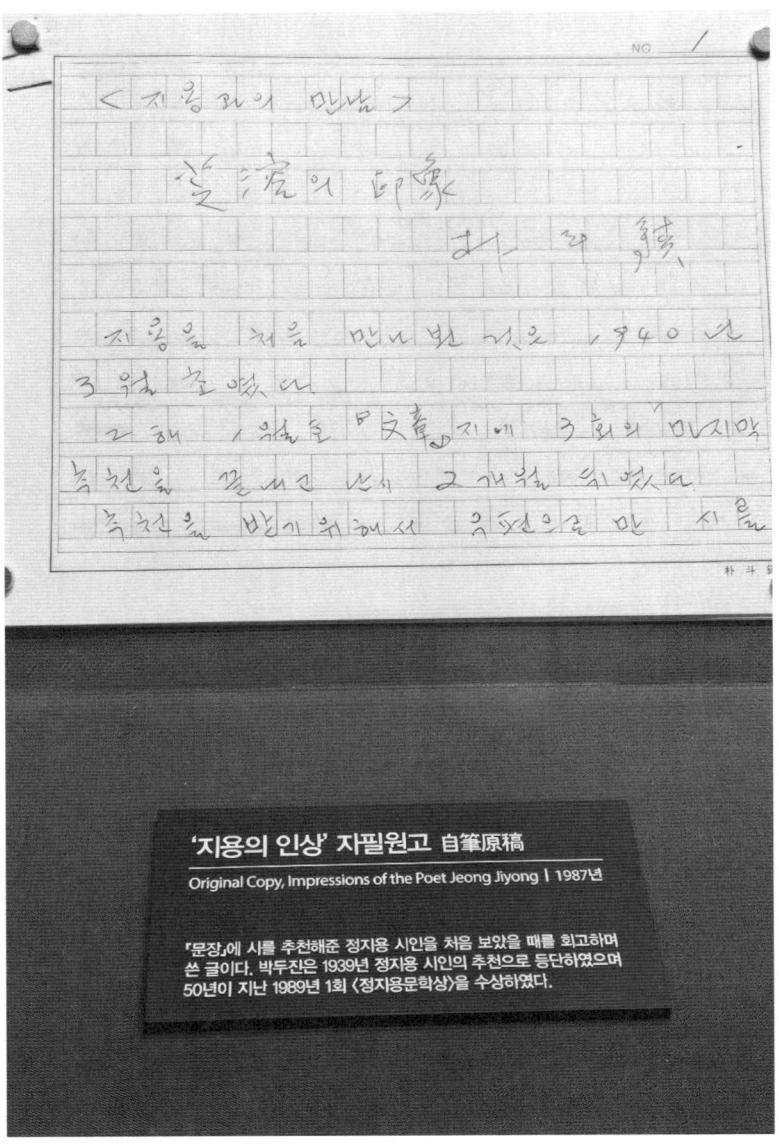

　　전시된 유품중 선생님의 육필이 담긴 원고, 정지용 선생님을 처음 만나고 회고한 글이다.

박두진의 시를 읽다
Reading Park Dujin's Poetry
朴斗鎭の詩を読む | 阅读朴斗镇的诗作

'청록파(靑鹿派)'로 불리는 박두진(朴斗鎭), 박목월(朴木月), 조지훈(趙芝薰)은 모두 '자연'을 가장 중요한 소재로 택한 공통점이 있지만, 박목월이나 조지훈의 자연과 박두진의 그것은 차원이나 어조가 매우 다르다. 박목월과 조지훈이 모두 정적이고 유유자적한 자연을 노래했다면, 박두진은 자신의 정신과 이상을 구현하는 관념의 매개체로 자연을 형상화하였다.

박두진의 초기시는 현실에 대한 도피처로서의 자연이 아니라 역동적인 생명력의 원천으로서의 자연을 노래했다는 점이 특징적이다. 그의 시에 나타난 생동하는 빛과 사물은 인간 내면에 생기를 불어넣는 감각과 이미지로 작용한다. 그 점에서 박두진의 시는 무한히 열린 자연을 감지해내는 감각을 잘 보여준다. 박두진의 시를 읽는 것은 이러한 초월적이고 역동적인 자연을 만나는 일과 다르지 않다.

박두진의 강직한 성정(性情)은 올곧은 지성으로 승화하여 왜곡된 현실에 대한 강한 부정과 저항정신으로 이어진다. 이는 박두진 시의 중요한 속성 가운데 하나가 준열한 역사의식에 있음을 일러준다.

박두진 시에서는 강한 신성 지향 역시 찾아볼 수 있다. 후기 시로 이어지며 신을 찾고 신의 의지에 귀의하는 경향이 두드러졌으나 '수석(水石)'을 통해 구체적인 시적 이미지 또한 잃지 않았다. 이처럼 박두진의 시는 '자연→역사→신성'으로 그 중심을 옮겨가면서 60여 년 동안 펼쳐졌다.

Park Dujin's poetry can be divided into three different periods. In his early works, he praises nature as the origin of vitality rather than as a reality to be escaped from. In his middle period, his voice is full of denial of a distorted reality and expresses a spirit of resistance. During this period, his writings show what the real intelligence was on the dark side of Korean history. His later works focus on the subject of Christianity, seeking to find and be devoted to God, and on the subject of viewing stones as well.

朴斗鎭の初期詩は現実からの逃避所としての自然ではなく力動的な生命力の源泉としての自然を歌ったという点が特徴的である。
朴斗鎭の中期詩は歪曲した現実に対する強い否定と抵抗精神を表わす。特に苦難が多かった韓国歴史の中で彼は本物の知性が何かを教えてくれた硬骨詩人である。
後期時につながる彼の詩は神を求めて、神の意志に帰依する傾向が著しかったが水石を詩的イメージとして使用しながらも具体的な詩の美学を失わなかった。

朴斗镇早期诗作的特征为歌颂自然。这里的自然并非现实的避难所，而是新气涣勃的生命力之源泉。其中期诗作则对被歪曲的现实表现出强烈否定和抵抗的态度。在韩国历史上那段灰黑艰难的时期，他可以算是教会了我们什么才是真正的理性。
到后期，朴诗作中寻求神灵和皈依神圣的倾向特别突出，但是借助于玩赏奇石还不至于丧失掉具体的诗的意象。

박두진 선생님의 이력을 간략하게 정리하여 전시한 글

관람중인 필자. 중앙에 책과 안내지를 들고 있다.

복사꽃이 피었다고 일러라.
살구꽃도 피었다고 일러라.
너이 오래 정들이고 살다 간 집,
함부로 함부로 짓밟힌 울타리에,
앵도꽃도 오얏꽃도 피었다고 일러라.
낮이면 벌떼와 나비가 날고,
밤이면 소쩍새가 울더라고 일러라.

다섯 물과 여섯 바다와, 철이야.
아득한 구름 밖, 아득한 하늘ㅅ가에,
나는 어디로 향을 해야
너와 마주 서는 게냐……

박두진 시 〈어서 너는 오너라〉 가운데

역사의식이 돋보이는 시, 함부로 짓밟힌 울타리(일제강점기)에 꽃이 피었다고 알리면서 자신의 지향점이 어디로 가야 할지, 어떻게 마주 서야할지 고뇌하고 있다.

박두진 선생님의 대표작 〈해〉의 전문이 들어 있는 시비

시집 〈해〉에 들어있는 전문

　박두진 시인은 말기에 들면서 신앙시에 집중한다. 신에게로 귀의하는 숭고한 정신이 깃들어 사도행전을 창작한다.
　박두진 시인의 언어는 곧고 굳고 힘차고 선언적인 면이 돋보인다. 수석을 모으면서 초연하게 보낸 시인은 종교적 심상인 하나님의 빛과 말씀으로 말년을 채우면서 더욱 평화로운 심상을 표현하고 있다.

선교문학

라오스

백 근 기

라오스 선교 문학

백 근 기

성역에서 은퇴한 이후에 인도차이나반도 국가들 가운데 세 번째로 찾은 나라가 〈라오스〉였다.

라오스에서 단기 선교한 경험을 독자들과 함께 나누며 글을 써 내려갈 때, 당시의 상황을 진솔하게 기록함으로써 공감할 수 있기를 바란다.

1. 라오스 국가의 개요

라오스는 인도차이나반도에서 바다를 볼 수 없는 내륙국가이다. 위치적으로 동쪽으로는 베트남, 서쪽으로는 미얀마, 남쪽으로는 캄보디아, 북쪽으로는 거대한 중국의 윈난성이 자리매김하고 있다.

라오스로 떠나기 전 상상하기에 공기가 깨끗하고 파란 하늘만 보겠지 하였으나, 한 주간 머물면서 밤낮으로 하늘이 뿌연하였고, 공기는 탁하였다. 열대 계절풍 기후로 연간 두 계절 "건기와 우기"로 나누어져 필자가 갔을 때는 건기 철로 조석으로 섭씨 20도, 한나절에는 섭씨 40도였으나, 습도가 없기에 그리 덥게 느껴지는 감각은 없었다.

정치적인 이야기로 돌려본다.

예부터 왕정국가였으나, 1893년 프랑스의 지배를 받은 경험에 세계 2차대전 중에는 일본의 군대가 잠시 점령하였고, 세계 2차대전이 끝나면서 1953년에 다시 입헌군주국으로 독립한 것이다. 그러다가 1975년 8월 라오 애국전선(Pathot Lao)이 이끄는 공산주의자들이 공산혁명에 성공하여 현재 〈라오인민민주공화국〉이 수립된 것이다.

경제적인 이야기를 독자들과 함께 나눠 보고 싶다.

물물교환은 어느 나라에 가도 화폐였다. 라오스의 화폐단위는 킵(Kip)이라 부르며, 동전은 사용하지 않고 다섯 종류의 지폐만 있었다. 한국의 원화로 환전할 때는 16을 나눠 주면 대략 물가의 수준을 파악할 수 있었다.

개혁과 개방하여 개개인에게 토지를 소유하게 하여 사고파는 자유시장경제 시스템을 도입하였다. 그러나, 정치는 공산당 1당 체제로 인하여 자유가 제한받고 있다. 종교의 자유, 언론의 자유, 집회의 자유 등 정부의 통제를 받으며 국민은 살아가고 있다.

국토의 면적은 대한민국의 면적보다 1.1배가 더 크며, 국민의 총인구는 불과 약 773만 명에 이르지만, 대다수 도시에 집중하여 살아가고 있는 빈곤한 나라이다. 그러나, 국민성은 조용하고 소박하며 친절하게 살아가고 있었다.

언어는 작은 인구에 60여 종족들이 한 덩어리로 살 수 있음에도 불구하고 통일된 언어로서 움직이는 뱀을 풀어쓰는 상형문자 〈라오어〉를 사용하고 있었다.

수도는 태국과 마주하고 있는 국경선 비엔티안(Vientiane)이었다.

2. 라오인과 복음 선교

필자는 수도 비엔티안 외곽 넓게 펼쳐진 인가(人家)에서 뚝 떨어진 허허벌판에 세워진 엘림공동체 건물에서 매일 오전 9시에 시작하여 오후 5시에 끝나는 홀로 강의에 정성과 열정을 다하여 라오인들에게 집중하였다. 배우는 학생들은 주로 20대의 젊은 남녀 학생들이었다. 전원 기숙사에서 숙식을 함께하는 공동체의 삶을 사는 그들의 리더 선교사의 요청으로 준비한 과목은 모세 5경이었다. 모세 5경은 창세기, 출애굽기, 레위기, 민수기, 신명기 모두 다섯 권의 구약성경이다. 금번에는 창세기 1장에서 50장까지를 강해하면서 하나님의 창조 역사와 선민 히브리 민족의 형성 과정의 이야기 나누었다. 공동체 가족들은 강의에 집중하면서 단 한 사람도 졸지 않는 학생들을 바라보면서 신학도들은 착실하게 강의에 임하는 자세를 보여 주었다.

필자가 준비한 강의안은 라오어로 번역하여 소책자를 만들어 신학도 한 명 한 명에게 나누어 준 라오스국립대학교에서 라오어를 전공한 백 선교사의 정성이 깃들었고, 시간마다 실력 있는 통역이 있었기에 그들은 진지하게 강의에 경청하였으며 수업도 성령의 임재를 느끼는 강의였음을 평가할 수 있었다.

강의가 다 마쳤던 마지막 날에 기독교대한감리회 안에 있는 석사 및 박사 학위 소유자들 가운데 선교의 비전이 있는 목사들로 구성된 아시아신학원 교수회가 있었는데, 아시아신학원을 이끄는 이사장과 부이사장 및 임원 몇 명이 라오스에 도착하였다. 그리고, 강의가 다 마친 후에 엘림공동체 부지 내에 아시아신학원 제2캠퍼스 기공식이 있었다. 기공식 이후 공사가 순조롭게 진행되어 1년 안에 수 억에 해당한 건축공사비로 마무리가 잘 되어가며 2025년 1월에는 준공식 계획이 잡혀 있다고 한다.

불교와 정령숭배 사상에 깊숙하게 빠져있는 라오인들도 하나님은 한량없이 사랑하고 계신다. 기독교 복음 선교가 금지된 나라에서도 사도 바울의 말씀처럼 "누가 우리를 그리스도의 사랑에서 끊으리오"(롬8:35)는 이 말씀을 품고, 30대 초에 결혼하여 갓난아기를 가슴에 품고 라오스를 찾아와서 "이 땅을 그리스도의 푸른 계절이 오게 하리라"는 비전과 믿음으로 경제적 가난과 배움이 약한 라오인들을 불러 모아 공동체 생활을 통하여 선교하던 백 목사는 먼저 그들의 언어를 배우기 위하여 최초로 라오스 대학교에서 라오어를 배워 그들의 아버지, 그들의 어머니가 되어 성육신 선교에 온 가족이 바친 선교의 현장 엘림공동체에서 단기 사역하던 필자의 눈시울에는 뜨거운 눈물을 멈출 수가 없었다.

예수께서 "땅끝까지 이르러 내 증인이 되리라."(행1:8)는 지상명령은 당시 로마로 마침표를 찍은 것일까! 아닌 듯하다. 지금도 주님의 지상명령 앞에는 땅끝이 보이고 있다. 누구에게는 라오스가 땅끝이 될 수도 있다. 오 주님! 라오스 땅에 그리스도의 푸른 계절이 올 수 있도록 라오스 캠퍼스를 5병 2 어의 기적으로 세우게 하소서.

3. 해넘이와 시(詩) 한 편

기공식이 끝난 후 엘림공동체를 떠나는 늦은 오후 시간에 서쪽에 떠 있는 해가 보인다. 수도 비엔티안에 머무는 동안, 낮에는 중천에 떠 있는 해를 볼 수 없었으며, 밤에는 은하수계의 달과 별들을 볼 수 없었다. 다만 뿌연한 하늘과 대기권의 공기까지 탁하기만 했었다. 이러한 상황 속에 있는 라오스를 사랑하는 심장을 갖고 대한민국에서 귀한 손님들이 왔기에 하늘도 기뻐하신 듯 빨간 해를 본 여성 박 목사 한 분이 "어머나 저 태양 좀 보세요." 하시는 말씀에 달리는 자동차의 창밖을 바라보면서 신기한 모습이었기에 나는 차를 옆에다 세우게 하였다. 그리고 나서 휴대폰으로 빠알간 태양을 찰깍찰깍 찍어 저장하였다. 그리고, 그 날밤에 작가로서 숙소에서 이런 시를 작시하여 보았다.

[라오스에서, 2024.03.08]

광야의 해넘이

삶터의 이름 "엘림공동체"
샘솟는 웅덩이가 있고
그 속 물고기들 공동체인가!
허허벌판의 그 이름
마음 한편에 깊숙이 남는다

태곳적에 그 미디안 광야
선민들이 만난 "엘림"
머물고 싶은 그곳이나
다시 떠나가는 선민 공동체
길가는 나그네 이었다

며칠 뿌예진 라오스 하늘
해와 달과 별은 안 보여
엘림공동체를 떠나가는 날
어찌나 참 아름다운가
광야의 해넘이가 보인다

조용하고 착한 라오족이여
굿바이 안녕 안녕히
제발 "셈족"만 되어다오
야훼는 그대들의 아버지
다시 만날 때를 기다린다.

백근기

- 충남 홍성 출생, 아호: 청송(靑松), 시인
- 협성대학교 및 감리교신학대학원 박사원(D.MISS) 졸업
- 아시아신학원 교수
- 글로벌복음선교회 회장
- 사단법인 기독교문학가협회 상임회장 겸 법인상임이사
- 시집 : 『인생 그리고 목사나무』『자유통일』

AI 평론

김현승 시인의 '가을의 기도' 분석

AI (인공지능; artificial intelligence)에게 평론을 맡겨 보았다.
시대의 변화를 실감하면서 우리가 설 곳을 생각한다.

김현승 시인의 '가을의 기도' 분석

AI (인공 지능)

1. 김현승의 가을의 기도를 분석해줘

김현승의 "가을의 기도"는 자연과 인간의 감정, 그리고 삶의 무게에 대한 깊은 성찰을 담고 있는 시입니다. 이 시는 가을이라는 계절을 배경으로 하여, 고독과 슬픔, 그리고 희망의 감정이 교차하는 모습을 보여줍니다.

주요 주제 및 분석

1) 자연과의 교감 :
 - 가을의 풍경은 시의 배경으로, 변화하는 자연을 통해 인간의 내면을 드러냅니다. 떨어지는 잎사귀나 흐르는 바람은 인생의 덧없음을 상징합니다.

2) 고독과 슬픔 :
 - 시 속 화자는 가을의 쓸쓸함을 느끼며, 자신이 처한 감정적 상태를 투영합니다. 이 고독은 존재의 의미를 찾고자 하는 갈망으로 이어집니다.

3) 희망과 기도 :
— 슬픔 속에서도 희망의 메시지를 찾으려는 노력이 나타납니다. 기도를 통해 자신과의 대화를 시도하며, 내면의 평화를 찾고자 하는 모습이 드러납니다.

4) 형상화된 언어 :
— 김현승의 언어는 감각적이고 서정적이며, 풍부한 비유와 이미지를 통해 독자가 자연과 감정을 함께 느낄 수 있도록 합니다.

결론

"가을의 기도"는 단순히 계절을 표현하는 것에 그치지 않고, 인간 존재의 깊은 고뇌와 희망을 탐구하는 작품입니다. 이러한 요소들은 독자로 하여금 자신의 감정을 되돌아보게 하는 힘을 가지고 있습니다.

2. 김현승 시의 다양성을 설명해줘

김현승의 시는 주제와 스타일에서 다양성을 보입니다. 그의 다른 시들과 "가을의 기도"를 비교해 보면, 다음과 같은 차이점이 있습니다.

1) 자연과의 관계
 - 가을의 기도 : 가을의 쓸쓸함과 고독을 강조하며, 자연의 변화가 인간의 감정에 미치는 영향을 깊이 있게 탐구합니다.
 - 다른 시들 : 예를 들어 "산"이나 "눈" 같은 시에서는 자연을 보다 긍정적이고 경이로운 시각으로 묘사하기도 합니다. 자연의 아름다움과 조화를 통해 삶의 기쁨을 표현하는 경향이 있습니다.

2) 감정의 깊이
 - 가을의 기도 : 고독과 슬픔, 그리고 기도를 통해 내면의 갈등을 드러냅니다. 감정이 매우 개인적이고 내성적입니다.
 - 다른 시들 : 예를 들어 "고백" 같은 시에서는 보다 외향적이고 사회적인 주제를 다루며, 개인의 경험을 통해 보편적인 감정을 표현하는 경우가 많습니다.

3) 주제의 다양성
 - 가을의 기도 : 계절의 변화와 그에 따른 감정의 흐름을 중심으로 합니다.
 - 다른 시들 : 사랑, 상실, 존재의 의미 등 다양한 주제를 탐

구하며, 특히 인간 존재의 본질에 대한 깊은 성찰이 자주 나타납니다.

4) 형식과 표현
- 가을의 기도 : 서정적이고 감각적인 언어를 사용하여 감정을 직접적으로 전달합니다.
- 다른 시들 : 때로는 비유적이고 상징적인 표현을 통해 더 복잡한 감정이나 상황을 설명하기도 합니다.

결론

김현승의 시는 서로 다른 감정과 주제를 통해 인간 존재에 대한 깊은 탐구를 이어갑니다. "가을의 기도"는 그 중에서도 특히 고독과 내면의 갈등을 잘 표현하고 있으며, 다른 시들과는 다르게 보다 개인적인 성찰에 중점을 두고 있습니다.

※ AI (인공지능; artificial intelligence)가 평론

동 시

이홍재 홍성훈

가을밤

이 홍 재

1. 창문 앞에 앉아보면 깊어가는 가을밤
   어디선가 들려오는 귀뚜라미 소리
   창문 위엔 둥근달이 활짝 펴올라
   그 옛날 어릴 적 엄마 품에 잠들 때
   불러주신 노랫소리 들리는 듯합니다

2. 마루 끝에 나와서니 가을바람 솔솔솔
   어디선가 들려오는 나지막한 피리 소리
   밤하늘엔 반짝반짝 별들의 합창
   그 옛날 친구들과 소꿉장난할 적에
   여보 당신 하던 친구 그립기만 합니다

이 홍 재

- 전 서부초등학교장,
- 현 광천장로교회 장로,
- 현 광천장로교회 실로암성가대 지휘자 및 시온찬양단 리더

영원한 누나 외 1편

홍 성 훈

우리들의 누나는
엄마 아빠의 누나도 되고
할아버지 할머니도
누나라고 불러요
누나를 생각하면
가슴이 아파요 눈물이 나요
백 년을 불러온
민족의 누나 유관순 누나

우리들의 누나는
엄마 아빠의 누나도 되고
할아버지 할머니도
누나라고 불러요
누나를 부르면
새 힘이 솟아요 용기가 나요
영원히 불려질
민족의 누나 유관순 누나

은행을 털다

홍 성 훈

서울 누나의 결혼 소식에
며칠째 걱정만 하는 엄마와 아빠

"이제 은행이라도 털어야겠소!"
아빠의 말에 가슴이 철렁했다
엄마는 아무 말 없이 한숨만 쉰다

착한 아빠가 은행을 털다
붙잡히면 감옥에 갈 것이다
겁이 났다

큰 자루를 들고 집을 나서는 아빠
두근거리는 마음으로 몰래 쫓아간다
아빠는 천천히 뒷산
은행나무 아래로 걸어가신다.

홍 성 훈

- (사)한국문인협회 아동문학분과 회장
- (사)한국문협 서울지회 부지회장
- (사)한국아동문학회 초대이사장 역임
- (사)한국아동청소년문학협회 이사장
- (사)국제PEN한국본부 이사
- (사)한국현대시인협회 이사
- (사)한국문협 서울종로문인협회 고문(회장 역임)

동 화

신 건 자

- 초등학교 교장(정년은퇴) 역임
- 아동문학가, 수필가, 화가
- 한국크리스천문학가협회 대상 수상
- 한국수필가협회 회장 역임
- (사)기독교문학가협회 아동분과위원장

반짝이는 꿈

신 건 자

활짝 핀 벚꽃들이 꽃바람을 타고 머리와 어깨에 폴폴 내려앉는다.
뺨도 건드리고 입술도 건드린다.
"히히, 좋아."
나는 전동 휠체어를 타고 벚꽃 나무가 늘어선 운동장 가를 신나게 달린다.
"희성아, 나도 한 번만 타보자."
나와 같은 별님반(특수반) 친구 덕근이가 뒤따라오며 소리친다.
운동장에서 놀던 일반학급 아이들도 내 뒤를 따라 달려온다.
우쭐해진 나는 팔꿈치로 전동 휠체어 누름단추를 조정하며 더 신나게 달린다.
나는 태어날 때부터 팔꿈치 아래와 무릎 아래의 다리가 없다.
그런 나를 사람들이 이상하게 볼 때가 있다.
그럴 때마다 엄마는
"희성이는 특별한 아이랍니다."
당당하게 말해준다.
그래서인가 우리 학교 아이들은 나를 놀리거나 무시하지 않는다. 오히려 전동 휠체어를 타고 달리는 나를 부러워한다.
그래서 나는 전동 휠체어를 타면 골목대장이 된 것처럼 으쓱

해진다.

문득 멀리 이사 간 5학년 돈남 형 생각이 난다.

내가 전동 휠체어를 탈 때면, 돈남 형은 자전거를 타고 함께 달려주었다.

우리 형도 돈남 형 같았으면 좋겠다.

일반학급 육학년인 우리 형은 나를 부끄럽게 생각한다.

"병신이 전동 휠체어만 잘 타면 뭘 해. 창피하니까 내 동생인 척하지 마!"

화난 얼굴로 아홉 살인 내 기를 팍팍 죽인다.

어쩌다 학교에서 마주치면 모른 채 돌아선다.

그런 형 생각하니 또 힘이 쭉 빠진다.

나는 달리던 전동 휠체어를 멈추고 떨어지는 꽃잎만 쳐다본다.

"희성아!"

언제 왔는지 엄마가 교문 옆 느티나무 그늘에서 손을 흔들며 웃고 있다.

"아, 엄마!"

나는 힘을 내 전동 휠체어를 조정하며 엄마 앞으로 갔다.

그때였다.

교실에 있던 전교생과 선생님들이 왁자지껄 운동장으로 나온다.

'무슨 일 났나?'

궁금해하는데 엄마가 말했다.

"너희 선생님 아는 분들이 온대. 엄마도 꼭 봐야 할 분들이래. 그래서 엄마가 온 거야."

"어떤 분들인데?"

"글쎄…?"

그때. 우리 선생님이 달려와 엄마 손을 잡으셨다.
"희성이 어머니, 잘 오셨어요."
우리 선생님은 참 예쁘다.
나를 보고 웃을 때는 엄마보다 더 좋다.
'부르릉~.'
낯선 봉고차 한 대가 교문으로 들어와 우리 앞에 섰다.
차 문이 열리고 운전기사가 한 남자아이를 안아 내렸다.
"어머, 현성이 왔구나, 참 잘 왔다."
우리 선생님은 엄마 손을 놓고 현성이라는 아이를 반겼다.
현성이는 팔다리가 비틀리고 고개도 제대로 가누지 못했다.
얼굴과 입도 씰룩거렸다. 나이는 나보다 많아 보였다.
그런 현성이를 우리 선생님이 반갑게 대하는 게 싫다.
뒤따라 임 선생님이란 분이 현성이처럼 팔과 고개를 비비 꼬면서 비척비척 차에서 내렸다.
현성이와 비슷한 아이 세 명도 따라 내렸다.
마지막으로 간이침대에 누운 남자 어른이 내려졌다.
'어떻게 저런 사람이?'
놀라 입도 못 다물고 바라보는데
"최 원장님, 와 주셔서 너무 감사합니다."
우리 선생님이 간이침대 곁으로 다가가 눈물까지 글썽이며 인사를 했다.
참 알 수가 없다.
우리 선생님이 저런 사람들을 안다는 것이.
전교생도 눈을 휘둥그레 뜨고 다가와 둘러섰다.
교장 선생님이 마이크를 잡고 그들을 소개했다.

"에, 오늘 오신 분들은 입과 발로 그림을 그려 외국에 수출까지 하는 구족화가들이십니다. 이분들은 태어날 때부터, 또는 병에 걸려 장애인이 된 분도 있고, 최 원장님은 대학교수셨는데 등산하시다가, 임 선생님은 의사인데 다이빙하시다가 장애인이 되셨습니다. 그런데도 입과 발로 그림을 그리며 어려움을 이겨내신 훌륭한 분들이십니다."

교장 선생님 소개가 끝나자 임 선생님이란 분이 입을 씰룩이며 답례를 했다.

"만나서 반갑습니다. 우리보다 건강한 여러분은 뭐든 잘 할 수 있습니다. 모두 멋진 사람들 되길 바랍니다."

"와아~, 짝짝짝……."

박수를 받으며 임 선생님이 먼저 비척비척 벚나무 밑으로 가 앉더니 발가락 사이에 붓을 끼고 그림을 그리기 시작했다.

최 원장님은 간이침대에 누운 채로 입에 붓을 물고 고개만 움직여 그림을 그렸다.

다른 아이들도 휠체어를 탄 채, 땅바닥에 엎드린 채, 입과 발가락에 꽂은 붓에 그림물감을 찍어 한 땀 한 땀 수를 놓듯 그림을 그렸다.

나는 현성이 옆으로 바짝 다가가 현성이가 고개를 비비 꼬며 입에 문 붓으로 한 점, 한 점 찍어내는 그림을 지켜보았다.

꼭 내가 그리는 것처럼 진땀이 났다.

"야, 저렇게 해서 언제 그림이 되냐?"

일반학급 육학년 장난꾸러기형이 친구 귀에 수군거렸다.

시간이 많이 흘렀다. 그런데도 구족화가들은 쉬지 않고 그림을 그렸다.

와글거리던 전교생이 얼어붙은 듯 그들을 지켜보았다.
그늘을 드리고 있는 벗나무도, 하늘에 뜬 구름도 숨죽이고 내려다보았다.
일반학급 육학년 장난꾸러기형이 또 친구 옆구리를 쿡쿡 찌르며 수군댔다.
"너, 똑똑히 봤지? 멀쩡한 너는 이제부터 공부 좀 열심히 해라!"
"알았다. 너도 정신 똑바로 차리고 열심히 해라!"
잠자코 지켜보고 있는 전교생 눈빛들이 부끄러워 흔들리는 것 같았다.
또 얼마쯤 지났을까?
해가 서쪽 멀리 비켜 가 졸린 얼굴로 뉘엿거렸다.
드디어 구족화가들이 손바닥만 한 크기의 그림들을 그려냈다.
현성이는 꽃을 그렸는데 진짜 꽃보다 더 예쁘고 멋있었다.
곁에서 지켜보는 나에게 현성이가 떠듬떠듬 말했다.
"이 그림, 너 가져."
현성이가 입으로 건네주는 그림을 얼떨결에 겨드랑이에 받아낀 나는 울컥 말이 튀어나왔다.
"나도 형처럼 그림 그릴 수 있어?"
형이란 말 때문이었을까? 현성이는 씰룩거리는 얼굴을 벙끗 펴며 대답했다.
"너는 나보다 더 잘 그릴 수 있어. 이걸로 그려봐."
현성이는 입에 물고 있던 붓까지 내 입에 물려주려고 애를 썼다.
나는 얼른 붓을 입으로 받아 물었다.
우리 선생님이 지켜보셨나 보다.

"희성아, 그려 봐. 넌 잘 그릴 거야!"
 순간 내 가슴속에 불이 반짝 켜지는 걸 느꼈다.
 나는 입에 문 붓으로 현성이가 그린 꽃 그림을 흉내 내기 시작했다.
 "와아~ 희성이가 그림 그린다."
 덕근이가 소리쳤다.
 "어디 어디? 진짜네."
 학생들 소리에 섞여 교장 선생님 목소리도 들렸다.
 그때, 얼핏 내 가까이 다가오는 한 그림자를 보았다.
 '아, 우리 형!'
 갑자기 내 가슴속이 화끈거리며 방망이질하듯 뚝딱거렸다.
 나는 붓을 문 입까지 벌벌 떨며 열심히 그림을 그렸다.
 한 점, 한 점 찍어내는 내 그림에서 반짝반짝 빛이 나는 것 같았다.
 "희성아, 잘했어. 참 훌륭해!"
 등 뒤에서 눈물 먹은 엄마 목소리가 들렸다.

 구족화가들이 다녀간 지 여러 달이 지났다.
 나는 현성이 형을 생각하며 날마다 입으로 그림을 그렸다.
 전동 휠체어 뒤에 그림 도구 가방을 매달고 달리면,
 "희성아, 같이 가. 내가 도와줄게."
 내 친구 덕근이가 따라오며 소리친다.
 덕근이는 이제 전동 휠체어 타는 나보다 그림 그리는 내가 더 부러운가 보다.
 도우미로 학교에 온 엄마에게 우리 선생님이 기쁜 소식이라며 전해주었다.
"지난번 왔던 구족화가들이 희성이를 초대했어요. 오는 토요일 '운보의 집'에 데리고 가서 그림을 그렸으면 좋겠대요."
"운보는 유명한 벙어리 화가잖아요?"
엄마와 선생님이 나누는 말을 듣고 나는 엉덩이를 들썩이며 끼어들었다.
"벙어리화가도 있어요? 가보고 싶어요."

마침내 토요일이 되었다.
아빠가 전동 휠체어에 그림 도구와 나를 태워주고 손가락으로 V자를 그렸다.
엄마와 나는 기분 좋게 학교 앞으로 갔다. 우리 선생님이 기다리고 있었다.
전에 봤던 봉고차도 와 있었다.
"희성아, 안녕?"
현성이가 비비 꼬이는 목을 내밀며 소리쳤다.
먼저 나를 태우고 엄마와 우리 선생님도 차에 탔다.
"자, 이제 떠납니다."
운전기사가 차 문을 닫으려는 바로 그때, 창밖에서 외치는 소리가 들렸다.
"우리도 데려가요. 희성아 같이 가자!"
헐떡이며 달려온 우리 형과 덕근이까지 태운 봉고차가 빵빵! 신나게 달린다.
나는 우리 가족과 선생님과 친구들의 꿈나무가 되었나 보다.
빨개진 내 가슴속에서 미래의 꿈이 반짝반짝 불타오르고 있다.

소 설

박종규

달려라 슬비

박 종 규

1. 독백

서쪽 하늘이 붉어져 가는 저물녘, 너절한 나무 궤짝을 실은 오토바이가 비포장 언덕을 올라 외진 야산으로 방향을 돌린다. 궤짝에 실린 내가 건들거리는 것을 나는 보고 있다. 병원에서 함께 있었던 두 녀석이 내 밑에 깔려 같이 건들거린다. 번쩍! 머릿속에서 번개가 일었을 때, 내 몸뚱이의 모든 세포가 움찔하더니 가물가물하던 의식마저 사라졌고, 미세한 심장 박동도 그때 멎었으며, 나는 내 몸을 떠났다.

아카시아 꽃 향이 혼곤한 언덕배기에 작은 컨테이너의 실루엣이 나타난다. 앞에는 평상이 삐딱하게 놓여있고, 그 옆에 녹슨 드럼통이 시커먼 아가리를 벌리고 있다. 우리는 평상에 부려진 다음 각기 아카시아 가지에 목줄이 걸려 매달린다. 퍽! 퍽! 매질이 아픈 소리를 낸다. 몸뚱이가 이리저리 흔들리며 매를 빗맞는다. 두드리고 두드리면 육질이 좋아진다면서 신神들은 이미 주검이 된 몸뚱이를 골고루 두드려 팬다. 매질에 반응하듯 몸뚱이가 부풀자 검게 그을린 드럼통에 던져진다. 드럼통 바닥에 뚫린 구멍으로 솟구치는 파란 불꽃이 몸 구석구석을 샅샅이 핥아 태운다. 매질을 당해도, 불길이 내 몸을 헤집어 들어도 아프지 않고 뜨겁지 않다. 난 이미 감각의 강을 건너버린 초월적 존재이기에 그렇다.

하얀 털이 복스럽고 까만 눈이 슬퍼 보인다며 신들은 내게 '슬비'라는 이름을 붙여주었다. 하지만, 정들었던 신들에게 나는 쉬 잊히리라. 우리 종자를 구별했던 예쁜 털이 다 타니 불그죽죽한 알몸뚱이가 된다. 눈도 귀도 발톱도 다 타서 흉측한 몰골에 하얀 이빨만 어스름에 희뜩인다. 배를 갈라 핏물과 내장을 비워낸 몸뚱이는 이제 진흙 구덩이에 묻힌다. 진흙은 뜨겁게 달궈져 우리 몸의 다시 옥죈다.

초여름을 알리는지 풀벌레가 수없이 울고, 기울던 달빛이 다 차는 동안 내 몸뚱이는 서서히 숙성의 시간을 보낸다. 몸에서 기름기가 완전히 빠져나갈 때쯤 오토바이 소리가 다가온다. 진흙에서 뽑힌 내 몸뚱이는 신들의 도시로 옮겨지고, 뱃속이 온갖 약제들로 다시 채워진다. 옆에는 물이 펄펄 끓는 큼직한 가마솥이 기다리고 있다.

신들이 삼삼오오 모여 앉은 곳에서 나의 존재가 사라지는 마지막 순간, 하늘 높은 곳으로부터 투명한 빛줄기가 내려와 나의 목을 감더니 천천히 위로 들어 올린다. 아래에서는 내 몸이 부위별로 해체되어 도마 위에서 잘리고 잘린다. 내 존재의 토막 난 흔적들은 신들의 상床에서 보신용 '먹거리'로서 새롭게 부활하고 있다.

*

언니는 말 수가 적고 목소리도 작아 자분자분 말하곤 했는데 말 속에는 가시가 돋아 있었다. 세상은 잘난 것들만 놀아나는 곳이라고. 자기보다 못난 것들은 없다고 했다. 저마다 짝이 있고, 취직도 했고, 벌써 시집도 갔는데 자기만 이 모양이라고 한숨을 쉬었다. 잘난 것들끼리만 어울리면서 동창회 나오라는 연락이 한 번 없다고. 언니는 방에 들어서면 버릇처럼 혼잣말을 해댔으나 나와 눈을 마주하면 곧 순해지곤 하여 다행스러웠다.

도대체 왜 언니만 외톨이가 되었을까? 학교 성적은 언니가 늘 위였단다. 공부를 열심히 한 것도 외모 콤플렉스 때문이란다. 보통 키에 외모도 수수한 편인 언닌데 아무래도 욕심을 부리지 싶었다. 언니는 급기야 자기 집을 외딴 섬으로 만들었고, 스스로를 그곳에 가두어 버렸다. 나는 일테면 언니만의 섬지기였다.

언니가 가장 외로울 때 맞춰서 내가 왔다. 개를 안 좋아하는 엄마 때문에 여태 강아지 한 마리를 못 키웠는데, 아빠가 엄마의 반대를 무릅쓰고 나를 데려다 놓았고, 나는 차츰 언니의 모든 것이 되어갔다. 젖꼭지밖에 몰랐던 나는 언니가 내리는 속엣 말과 달디 단 먹이만 좇으며 세월 몸피를 늘리고 있었다. 난 늘 언니와 둘이 있었다. 하염없이 고마운 언니 얼굴을 쳐다보기도 했고, 그럴 때면 언니는 하염없이 나를 쓰다듬어 주었다. 어느 날 언니는 내 목줄을 만지며 하소연하듯 말했다. "난 어쩔 수 없이 이러고 있지만, 목줄에 묶여 내게 갇혀 사는 네 팔자는 뭐니? 하긴 나도 목줄이 묶여 있는 너와 다르지 않구나. 이놈의 세상은 언제나 바뀐다니?" 그날 언니의 눈에서는 분노의 빛이 어려 처음으로 무서웠다.

언니가 나를 데리고 도랑 옆길로 산책을 나선 날이었다. 언니는 사흘에 한 번꼴로 나와 산책을 했는데 그날 '점박이'를 처음 만났다. 윤기 나는 하얀 털에 몸매가 복스러웠던 녀석은 왼쪽 눈 주위에 검은 반점이 있었다. 금빛 목줄에는 은색 방울 두 개가 햇살에 반짝였고, 녀석의 발에는 지퍼 달린 가죽신이 신겨 있었다. -딸랑딸랑- 방울 소리가 청량했다. 언니는 점박이에게 마음을 빼앗겼는지 녀석 귀엽다는 칭찬을 거푸 해댔다. 언니는 오빠뻘인 점박이의 주인과 뜻밖에 많은 말을 주고받았는데 아무래도 둘이 사귀게 되지 싶었다. 난 나대로 모처럼 만난 점박이에 설레임이 일었다. 녀석도 내게 연신 꼬리를 치며 몸을 비벼대었다. 우리는 서로의 냄새를 확인하였고, 목줄이 꼬이도록 핥고, 함께 굴렀다. 그러나 거기까지였다. 신들은 우리의 인사를 대신해 주며 서로의 갈 길로 목줄을 당겨 챘으니 말이다. 짧지만 꿈같은 만남이어서 목줄에 이끌려 멀어질 수밖에 없는 처지가 안타까웠다. 그 일이 있고 나서 나는 신전神殿을 뛰쳐나가고 싶은 마음이 불쑥불쑥 고개를 드는 것이었다.

언니는 점박이의 신과 다시 만날 때 나를 또 데리고 나갔다. 그날은 기대와 달리 점박이가 보이지 않아 안타까웠다. 두 신은 점박이에 대한 이야기를 많이 했고, 녀석은 어디가 아픈 모양이었다. 그 뒤로 언니가 달라졌다. 갑자기 표정이 밝아지더니 거울 앞에서 옷매무새며 머리 만지는 시간이 늘어났다. 외출이 잦았고, 이젠 늦게 들어오기 일쑤였다. 외딴 섬에 다리가 놓인 것처럼. 나 같은 건 안중에 없다는 듯했다. 그런 언니를 엄마 아빠는 다행스러워하는 눈치였다. 혼자 있는 시간이 많아진 나는 주로 잠을 잤는데, 나 없이는 한 시도 못살 것 같았던 언니의 달라진 모습에 속이 몹시 상했다.

어느 날부턴가 점박이 녀석이 우리 대문 앞에 짱박고서 다른 사내들의 접근을 막으며 매일매일 내게 구애를 해오고 있었다. 어떻게 된 일일까? 녀석은 아무래도 자기 집을 뛰쳐나온 행색이었으나 나를 더는 어쩌지 못했다. 대문만 나서면 문지기처럼 매일 기다리고 있던 점박이의 모습이 안타까웠으나 아빠는 녀석을 혼내어 쫓아버리기 일쑤였으니까. 그 뒤로도 얼마 동안을 대문 밖에서 울려대는 방울 소리에 내 가슴이 먹먹했다. 엄마는 내내 교회에서 살다시피 했고, 아빤 출근하면 저녁에나 돌아왔다. 온종일 혼자 신전을 지켜야 했던 그 날은 방울 소리가 환청처럼 종일 울려대는 것이었다. 하지만 우리가 더 가까워질 방법은 없었다. 언니까지도 방울 소리를 못 알아듣는지 나를 풀어주지 않았다. 신들은 나의 실종을 걱정하는 눈치였다. 나 하나로 충분해 새끼 볼 일 없다고도 했다. 철이 바뀌어 갈 즈음, 바람 소리만 허허롭게 들려올 뿐 끊어진 점박이의 방울 소리는 끝내 다시 들려오지 않았다. 언니는 어느 날 작심한 듯 내게 말했다.

"사람들은 잔인해! 사람들이 네게 정을 주어도 너는 정을 주지 마. 정을 준만큼 배신의 아픔은 더 클 거야. 알았지? 너 같은 종자는 인간이 필요해서 잠깐 데리고 있을 뿐이야. 슬비 너도 애초에 공장에서 생산된 거 데려온 제품이었어. 강아지들 생산해 내는 수많은 공장이 곳곳에서 성업 중이거든. 인간들 세상에는 수요공급의 법칙이란 게 있어. 찾는 인간이 많아지면 그걸 생산해내는 공장이 서게 마련이고. 네 어미는 지금도 또 다른 너를 강제로 생산하느라 뼈골이 성하지 않을 거야! 사람들은 개고기를 최고의 보신으로 생각해. 이 말 하긴 좀 뭐하지만, 사실은 나도 전에 개고기를 먹은 적이 있어. 슬비를 만났으니 앞으로야 너 같이 귀여운 걸 먹을 수 없겠지만 말이야."

그 말을 듣는 순간 언니는 신이 아니라 괴물같았다. 언니와 눈 맞추기가 겁났다. 이해가 안 되었다. 세상에 언니마저! 세상의 신들을 어떻게 믿을 수 있을까? 나도 생산된 제품이라는 말은 듣기 끔찍했다. 하나, 아빠는 절대로 다를 것이다. 아빠에게서 배신이라는 건 생각할 수 없다. 아빠의 손이 내 머리와 목덜미를 어루만질 때면 마치 젖 떼자마자 잃어버린 내 어미의 손길 같았다. 나는 그렇게 나이를 먹어갔다. 그 뒤로도 이따금 대문 밖의 방울 소리가 환청처럼 들렸어도 점박이에 대한 생각은 서서히 무뎌져 갔다. 그러던 중 나는 신비로운 경험을 하게 되었다. 내 존재가 세상에 거듭난 것이라면, 그때 있었던 일 때문일 것이다.

2. 질주

전날 비구름이 온종일 닦아 낸 하늘은 시리게 푸르렀고, 햇살은 누리에 쏟아져 은빛을 되쏘았다. 목 언저리에 실바람이 감겨 들면서 나는 가볍게 하늘로 날아오르는 느낌이었다. 발바닥은 허방 짚듯 가벼워서 발걸음을 조금 빨리 해보았다. 방향을 내 맘대로 잡아보았다. 마냥 아무렇지 않았다! 이상했다. 뒤에서 무언가가 잡아채야 하는데, 그렇게 길든 나였는데. 빠른 걸음을 달음질로 바꾸었다. 이것 봐라! 하는 심정으로 맘껏 뛰었다. 여전히 뒤에서 목을 당겨 채는 낌새가 없었다. 내가 내 등을 떠밀듯이 앞만 보고 냅다 달렸다. 이렇게 홀가분한 적이 없었다. 날개도 없는데 날아오르는 기분이었고, 실바람이 센바람으로 바뀌어 온몸의 털을 뒤로 갈기 세웠다. 규칙적인 내딛음은 탄성을 받아 다리에 엔진을 단 것처럼 달렸다. 언니랑 산책하던 도랑 옆길이 스쳐 지났다. 점박이를 만났던 곳이 지났다. 신들의 예배당, 슈퍼마켓이 지나더니 차들이 많이 다니는 낯선 길목에 접어들었고, 이내 큰길에까지 내달리었다. 그 뒤로도 한참을 정신없이 달렸다.

얼마나 달렸을까. 내 달음박질이 믿기지 않았다. 아니면 내 정신이 어떻게 된 것이든지. 세상에, 달리는 것은 내가 아니었다! 무릇 거리의 모든 것들이 달리는 것이었다. 나와는 반대로! 신들이 달렸고, 크고 작은 신전들이 달렸고, 차는 더 빨리 달렸고, 전신주가 달렸고, 길섶의 꽃나무들이 달리는 거였다. 특히 내 작은 발들을 밀쳐 달리는 길바닥은 너무 빨라서 내 발 짚을 겨를이 없었다. 결국은 길바닥이 지쳐 코앞에 열기를 뿜어 대서 현기증이 일었다. 나는 멈춰있는데 세상의 모든 보이는 것들이 나를 향해 달려왔고, 스쳐 지나가는 거였다. 숨이 가빠 헐떡거렸다. 달리는 것은 세상 것이었는데, 숨이 차 헐떡거리는 것은 나였다.

- 딸랑딸랑 -

그때 어디선가 들려온 방울 소리에 가슴이 철렁했다. 길 건너편에서 낯익은 모습이 눈에 들었다. 점박이! 녀석은 곧 나를 알아보고는 방향을 내 쪽으로 돌렸는데 다리를 절뚝이고 있었다. 나는 녀석과 함께 길옆 잔디밭으로 가 짧게 반가움을 나눴다. 서로를 핥고 깨물고 뒹굴면서 예전의 감정을 되살리려 애썼다. 그러나 안타깝게도 녀석의 몸에서는 역한 냄새가 났다. 하얀 털이 누렇게 변해 있었으며 허기진 뱃가죽은 움푹 들어가 있었다. 가죽신도 없고, 나를 향해 보냈던 강렬한 눈빛은 초점을 잃은 듯 게슴츠레했다. 그리고 녀석은 어느 순간부터 나의 접근을 마다하고 있었다. 자기의 꼴을 아는 듯싶었다. 오로지 하나, 방울 소리만 변치 않고 옛 소리를 울려댔다. 우리의 어색한 재회는 그렇게 끝났고, 길을 건너 내 길을 달려야 했다. 두어 번 고개를 돌려 보니 녀석은 못내 아쉬웠는지 절뚝이는 발로 힘겹게 내 뒤를 따라오고 있었다. 녀석이 자기 신에게서 버려졌을까? 가출을 했을까?

 큰길에 나오자 또다시 길이 달리기 시작하였다. 한없이 달리던 길은 파도처럼 나를 윽박질러 삼키고는 뒤로 내달리곤 했다. 얼마나 달려왔을까, 혹은 얼마나 많은 것들이 나를 지나쳤는지 생각하는 동안 길은 차츰 속도를 줄이기 시작했는데, 급기야 멈추고 있었다. 길이 달리기를 멈추는 순간 나의 작은 다리는 길에 붙어버렸고 경련과 함께 열이 전해졌다. 조금 쉰 다음 나는 구르고 누었다 일어나서는 경중경중 뛰었다. 내 멋대로! 그건 처음 맛보는 해방감이었다. 이런 게 신들의 세계에서 말하는 자유일까? 자유란 자유를 의식하지 않을 수 있을 때 진정 자유한 것일까? 하지만 자유로움 속에서 무엇인가 나를 불안하게 했다. 나는 가쁜 숨을 몰아쉬면서 그제야 목 듸 언저리가 썰렁한 것을 깨달았다. 아무것도 없었다! 늘 나의 자유를 제한하던 목줄! 목줄이 없었다. 목줄은 내 몸을 나의 신과 잇는 이음줄이었고 내 운명을 제어하는 신들의 손길이었다. 목줄이 없음은 내 몸의 한 부분이 없는 것과 같았다. 털을 깎았을 때처럼 허전했다. 그래도, 그래도 이 자유로움을 어찌할지, 난 행복에 겨워 목을 도리질하며 빙글빙글 돌았다.

 가만가만 길을 걸으면서 생각을 모았다. 언니와 나선 산책길,

점박이의 주인이 기다리고 있었다. 두 신 사이에 작은 다툼이 일었는데, 차츰 커져갔다. 듣기 불안했다. 언니가 먼저 목소리를 높였고 격한 말들이 튀어나왔다. 양다리 걸치지 마라, 직장이 대수냐, 너도 별수가 없구나! 너 잘났다, 그래, 나 못났다, 끝내자는 둥, 서로 상처가 되는 말들이 오갔다. 한참을 티격태격 하던 끝에 못난 년, 못된 놈이라는 말을 끝으로 남자는 되돌아 갔고, 언니는 그 자리에 주저앉았다. 언니는 나를 한참 안고 몸을 부르르 떨다가 놓아주었다. 그때 언니가 내 목줄까지 풀었을까? 언니가 내 목줄을 풀었다면 내가 알았을 텐데, 아무튼 나는 목줄에서 풀려난 거였다. 그 자유로움이라니! 자유로움을 조금이라도 더 붙들고, 누리고 싶었다. 문득 아빠가 떠올랐다. 자유로움에 취하여 자유를 제어하는 존재를 떠올린 것은 이상했다. 아빠는 언제나 내 편이었는데. 내가 이러면 안 된다는 생각이 싹을 내었다. 편안하기만 한, 늘 품어주기만 하는 신의 손길이 그리웠다. 아빠가 언젠가 말하던 '돌아온 탕아'를 생각 키웠다. 아빠의 하느님은 마냥 기다려주는 하느님이라 했다. 나는 탕아를 떠올리면서 내가 결국은 신전으로 돌아가 목줄에 즐겁게 갇히리라는 것을 운명처럼 상상하고 있었다.

언제부터였는지, 앞에 푸른 장막이 막아서 있었다. 나는 뒤로부터 등 떠밀리 듯 그것을 박차고 나갔다. 커다란 잎사귀를 제치고 맑은 시냇가에 잔디마당이 나타났다. 온갖 꽃들과 과실나무가 무성했으며, 펑퍼짐한 잔디밭에 새소리 물소리가 나비들을 춤추게 하는 곳이었다. 잔디마당에는 두 발로 걷는 닭들과 병아리들, 여러 종류의 견공들이 새끼들과 어울려 뛰놀았다. 강아지 예닐곱 마리가 어미 주위에서 맴돌았는데 개울가 바위 틈새를

폴짝폴짝 뛰어다니는가 하면 숲길을 빠르게 건너기도 했다. 어미들은 서열이 정해져 먹이를 놓고도 다툼이 없었고, 닭들을 독수리나 맹금류의 공격으로부터 보호해 주기도 하였다. 암탉들은 숲 속에 알을 품어 병아리들을 부화시켜서 모이가 있는 신전 앞의 잔디마당으로 데리고 나왔다가 날이 저물면 숲으로 들어가곤 했다. 다른 닭들은 개들과 사이좋게 놀다가 때 되니 모두 나무 위로 올라가 잠을 청했는데, 얼핏 보면 나무에 닭들이 열린 것 같았다. 이따금 멧돼지나 오소리 등이 나타났지만 모두 협력하여 물리쳤고, 그때마다 이 잔디마당에서 먹이를 제공해 주는 신들이 머리를 쓰다듬어 주는 것이었다. 신들은 젊은 부부였는데 신전은 늘 열려있었다. 개들은 목줄이 없었고, 닭장이나 둥지가 없었다. 큰 나뭇가지가 닭장을 대신했고, 풀밭이 둥지를 대신했다. 신들이 말하는 천국일까? 신전에도 성견들이 거리낌 없이 드나들며 강아지들과 병아리, 어미 닭들이 함께 어울리고 있었다.

　옆으로 난 다른 계곡은 검은 물줄기가 흐르고 있었다. 그곳은 꽃이 시들고 향이 없었다. 깊은 산중, 계곡을 옆에 끼고 땅에서 일 미터 정도 높이에 녹 슨 철망으로 만들어진 뜬장들이 계곡 끝나는 데까지 늘어 서 있었다. 그 칸칸에 갇혀 평생 배설하고, 사육되고, 교미 되고를 반복하다가 죽어가는 수많은 어미 개들의 초점 잃은 눈동자들이 보였다. 한 곳에서는 못된 신들이 달도 차기 전에 배를 째 강제로 분만시키는 모습이 보였는데, 신들이 잔인하게 생살을 째 새끼를 뽑아내자 어미들은 소리도 못 지르고 실신하는 것이었다. 어떤 어미는 교미하고 강제분만하고를 거듭하는 동안 가죽만 남는 허깨비가 되어 우리 밖에 버려져서 피부가 썩어가고 있었다. 아직 젖도 안 뗀 새끼 다섯 마리가 어미 품에서 곧바로 상자 속에 넣어져 팔려 나가는 것도 보였다. 뜬장 밑에는 못다 치운 배설물들이 썩어 계곡 물을 탁하게 만들고 있었다. 이곳에서 내가 태어났고, 나의 어미가 저들처럼 죽어간 것이었다. 신들은 생명이 존엄하다고 했다. 신들의 경전에는 －모든 피조물이 함께 구원받기를 탄식하며 기다린다－는 구절이 있다. 우리도 그들의 하느님에게는 똑같은 피조물이다.

가슴이 방망이질했다. 어디로 가야 하나? 발길은 신전으로 향했으나 생각은 공중 돌기를 했다. 차도에는 성난 자동차들이 수도 없이 오갔다. 속도와 굉음이 무서웠다. 그 무서움의 정체는 순전히 내가 혼자라는, 나를 제어해주는 목줄이 없다는 허허로움에서 연유하는 것이었다. 나는 돌아섰다. 신전으로 돌아가야 했다. 따스하고 안전한 신들의 품에 안겨야 했다. 얼마나 갔을까. 차도에서 바퀴에 깔려 납작해진 사체死體의 모습이 선뜻 눈에 들어왔다. 선홍색 핏물이 밴 사체 위로 차바퀴가 잇달아 달리면서 포도鋪道에 핏물을 튀기고 있었다. 나는 그 사체가 누구의 것인지를 곧 알아차렸다. 사체로부터 십여 미터 떨어진 곳에서 은방울 달린 목줄이 자동차 바퀴가 일으키는 바람에 딸랑딸랑 뒤척이고 있었기 때문이다. 충격은 두려움 속으로 사라졌다. 안타까움보다 무서움이 앞섰다. 차들이 무서웠고, 혼자 누리는 자유가 무서웠다. 신경은 곤두서고 다리에서 힘이 빠져나갔다.

그때 허겁지겁 달려오는 아빠, 나의 사랑하는 신이 신기루처럼 나타나는 것이었다. 머릿속을 어지럽히던 잔인한 신들의 이미지를 밀어내면서 나는 아빠를 맞았고, 아빠는 두 팔을 벌려 나를 안았다. 목줄에서 벗어나 처음 맛보았던 해방감보다 훨씬 평안한 아빠의 품이었다.

 예기치 않았던 일탈은 그렇게 끝났고, 내게는 중요한 변화가 생겼다. 그날 이후 나는 목줄이 없는 세상을 살게 되었다. 언니는 내게 다시는 목줄을 채우지 않겠다고 선언했고, 목줄 없이도 나는 별 일이 없었으며, 그 뒤로 내게서 목줄은 영영 사라졌다. 목줄이 없는 세상! 넓은 세상을 맛 본 내게 언니의 방은 또 다른 족쇄나 다름없어서 사실 그것은 행복한 구속이었다. 또, 온실에서만 쓰던 다리가 큰길에 나와 엔진 달린 바퀴처럼 내달린 결과는 무릎 통증이라는 후유증을 가져왔다. 통증이 나날이 심해졌으나 아빠에게도 언니에게도 호소할 길이 없었다. 내색을 못 해 참는 데까지 참아냈다. 그렇게 지내다 결국은 청천벽력 같은 소리를 듣게 되었다.

"슬비라 했나요? 예쁜 녀석인데!"
"이 녀석, 선생한테서 샀어요."
"아! 예. 녀석 고생 많았겠네요."
 의사는 사무적인 말투였다. 건너편 철망에 갇힌 두 녀석이 풀죽은 모습으로 나를 흘끔거렸다. 의사와 엄마가 한동안 이야기를 나누었다. 의사는 심상치 않은 표정이었고 엄마도 안색이 무거웠는데, 아빠는 하늘 없는 천장에 시선을 던지고 있었다. 이곳에 오기 전, 신들의 대화 가운데 얼핏 '포기한다'는 말이 들렸다. 그래도 난 병원으로 옮겨졌다. 나를 절대 포기하지 않겠다는 아빠의 의지대로 병원에 오게 되었다. 아빠 역시 달랐다. 의사가 내 다리를 잡아 지그시 누르자 그의 손가락으로부터 전해지는 아릿한 통증에 몸이 바르르 떨렸다. 나뭇등걸처럼 거친 그의 손이 내 피부에 닿을 때마다 생살을 에는 듯 아렸다.

"쯧쯧. 그래요! 종양입니다. 악성이네요. 암이란 말이지요."

"아니, 제를 어떻게 하라고?"

아빠는 뒷말을 잇지 못하면서도 담담한 얼굴로 엄마를 바라보았다. 내 병명에 충격을 받았는지 아빠는 시선을 천정에 보냈다가 이윽고 의사를 향해 말문을 열었다. 힘에 부친 내 귀가 쫑긋 따라 올랐다.

"정도가 심합니까? 수술이라도 하면……."

"치료비는 얼마나 들까요?"

아빠가 수술 이야기를 꺼내자 엄마가 얼른 말을 자르고 들었다.

"돈 들여 수술하더라도 녀석의 고통을 줄일 수는 없습니다. 빨리 보내는 것이 녀석을 위해서도 좋을 겁니다."

"잘 좀 처리해 주세요."

"그럼요. 화장해서 깔끔하게 처리합니다."

처리……, 화장. 엄마와 의사의 성마른 대화가 오갔다.

"비용은요?"

"요청에 따라 다릅니다. 이를테면 다른 놈들과 같이 태우기도 하고, 혼자만 태우면 좀 비싸고요. 필요하시면 유골함을 별도 준비해 드릴 수도 있습니다만."

"흔적은 없는 게 좋겠어요. 얼른 잊어야지요."

흔적도 없이, 나를 포기하는 엄마가 야속했다. 유골함이라니! 무섭고 두려웠다. 신들은 우리에게 너무 쉬 정을 주고 또, 너무 쉽게 정을 뗀다. 정을 떼는 것도 정말 정떨어지게 떼는 성 싶다. 언니가 화장 운운하는 말을 옆에서 들었다면 아빠 엄마를 꼼짝도 못 하게 했을 것이다. 언니는 그런 강단이 있었고 내가 언니를 목메게 기다리는 이유였다. 그러나 그 언니는 닷새 전에 여행을 떠났다. 엄마는 화장시키겠다는 맘을 굳히는 것 같았다. 멀뚱멀뚱 창밖을 바라보던 아빠가 돌아서더니 나를 조심스럽게 받아 안았다. 나는 가쁜 숨으로 아빠의 눈을 하염없이 올려다보았다. 아빠의 물기 어린 눈망울 속에 처연한 나의 모습이 비쳤다.

"유미에게 연락해서 좀 일찍 돌아오라 합시다. 마지막으로 얘 한번 보여줘야지, 그냥 처리해 버리면 두고두고 원망 들어요. 이 녀석도 언니가 보고 싶을지 모르잖소!"

아빠의 가슴이 울리며 나오는 쉰 소리에 눈물이 왈칵 솟았다. 내 맘을 헤아리는 신은 역시 아빠였다. 언니가 와야 했다. 언니는 엄마도 당해내지 못한다. 꼭 와서, 언니가 이 상황을 바꿔줄 거라는 희망이 샘솟았다. 언니는 나를 목줄에서 해방시켜준 구세주였다. 아빠 말 한마디에 나는 생기가 돌았다. 그러나 엄마의 반응은 시원찮았다.

"괜히 애 맘만 더 상해요. 그리고 유미는 지금 전화도 안 받을 거예요. 내친김에 끝내요. 나라고 맘 편해서 하는 말이 아니에요."

아빤 더 대꾸가 없었다. 엄마가 원망스러웠다. 아빤 왜 대꾸를 안 할까? 전화 한 번이면 언니는 금방이라도 돌아올 텐데. 그 전화하는 것도 엄마의 허락을 받아야만 할까? 아빠는 의사의 한마디에 맥을 놓았고, 엄마의 한 마디에 한숨만 몰아쉬었다. 화장, 화장 비용, 벌써 내 처리에 대한 흥정이 오갔다. 언니 말대로 나도 같은 식군데! 신들의 처사에 기가 막혔다. 하얀 벽을 올

소설 269

리는 아빠의 헛기침 소리가 바닥에 떨어졌다. 그의 손길이 등줄기를 쓸어내렸다. 난 차마 아빠 눈을 쳐다볼 수 없어서 눈을 감고 눈동자만 한 곳으로 몰았다. 어느 순간부터인지 대화에서 아빠 목소리가 빠져 있었다. 등에 아빠의 손길이 느껴지면서 그 특유의 낮고 부드러운 음성이 온몸으로 번졌다.

"슬비야. 네가 우리 집에 온 것은 하늘의 선물이었다. 네가 있어 집안엔 웃음이 가득했다. 이제 나는 너를 보내려 한다. 그것이 너의 고통을 덜어주는 방법이라니 어쩔 수 없단다. 그동안 참 고마웠고, 우리는 너를 잊지 못할 거다. 부디 좋은 곳에 가서 편히 쉬어라. 슬비, 안녕……."

아빠는 나의 눈을 처연히 바라보면서 목소리를 낮추고, 내 머리와 입 언저리를 쓰다듬었다. 두 분은 시선을 거두더니 그만 발길을 돌리고 있었다. 나는 그만 맥을 놓아버렸다. 언니, 언니는 언제 오려나.

※

사방이 온통 희뿌예 보였다. 의사 혼자 자리를 지키고 무료하게 앉아 있는 뒷모습이 뽀얗게 보이다 말 다 했다. 꾸역꾸역 잠에 잠식될수록 통증은 줄어드는 것 같았다. 잠은 결을 이루어 파도처럼 넘실거렸다. 아픈 걸 몰랐다. 언니가 와서 나를 낫게 해 준 걸까? 언니가 모르게 이렇게 끝날 순 없다. 언닌 꼭 올 거야. 그때까지는 정신을 놓으면 안 된다. 언니! 제발 나를 구하세요.

"예, 그런데요."

의사의 낮은 목소리가 불쑥 귀밑으로 깔렸다. 전화기를 든 그의 뒷모습이 파도 너머로 가뭇가뭇 잡혔다. 언니……. 혹 언니 전활까?

"그러세요? 예. 진정하세요. 아, 누군지 알아요. 며칠 전 전화 했었지요?"

의사의 전화기에서 배어나는 저 목소리……. 슬픔에 겨운 그 소리에 찬물을 끼얹은 듯 정신이 또렷해졌다. 기운이 났다. 전화기에서 들리는 소리는 언니였다! 그렇담 언닌 아직 오지 않았다. 언니가 나를 다른 병원으로 데려갈 거다.

"이미 끝냈어요. 오지 마세요. 잘 보냈어요."

의사의 말이 야속했다. 안 돼! 날 태운다고 했단 말이야. 전화기 저편에서는 흐느낌이 멈추지 않는 듯했다. 간간이 내 이름을 부르는 것도 같았다. 언니의 슬픔에 겨운 목소리가 차츰 잦아들었다.

'슬비야….'

언니가 내 이름을 부르는 소리가 환청처럼 들렸다. 나를 알려야 했다. 짖어서 내 목소리를 전해야 했다. 언닌 내 목소리를 알 것이다. 목소리가 안 나온다. 잠시 뒤 세상이 환해지고 있었다. 엄마, 아빠, 언니의 모습이 나타나더니 흰빛 속에 갇혀 들었다. 먼 곳으로부터 방울 소리가 작은 불씨처럼 살아나다가 사라져 갔다. 난 짖어야 하는데……. 안개, 안갯속이었다.

3. 신들의 상(床)

이달 모임은 마장동에서 갖기로 엄마들끼리 장소를 정했어요. 마장동? 거기 괜찮은 식당이 있나? 예에! 여보, 개 백숙이라고 들어 보셨어요? 당신도 이제 한 번 잡숴 보세요. 그렇게 담백한 육질은 첨이었어요. 건강에도 좋다고 하잖아요. 그거…. 개고기 잖아? 그래요. 선입견은 버리세요. 개고기는 우리 전통 음식이래요. 그래서, 마장동에서 개고기 먹자고? 당신도 먹어보았어? 그럼요! 진흙 속에다 통째로 보름 정도를 묻어 놓으면 기름기가 쫙 빠진대요. 깨끗한 나무 도마 위에 올려놓은 하얀 살코기가 참 먹음직했어요. 노린내 하나 없고 정말 담백하고. 나도 개고긴지 모르고 먹었어요. 나중에 알고 놀라긴 했지만, 또 먹으려고요.

세상에, 피붙이처럼 사람과 같이 살아가는 애완견들이 백숙으로 요리되어 그 사람들 보신용으로 상에 오른다니! 그런 말을 주저 없이 꺼낼 뿐 아니라 부부동반모임까지 개백숙 먹는 걸로 정했다는 아내의 말이 기막히다.

난 빠질 테니, 그리 알아요. 요즘 젊은 여자도 많이들 먹어요. 한번 잡숴 보면 알 거예요. 개고기의 성분이 사람의 살 성분과 비슷하데요. 그래서 사람 몸에 좋은 거래요. 강아지를 좋아하는 것 하고 보신용 고기를 먹는 것하고는 다른 이야기에요. 당신 먹는 것까지 말리진 않을 테니까, 제발 개고기라는 말 집안에서는 꺼내지 마. 괜히 유미하고 의 나지 말고. 말이 나서 말인데. 아무래도 강아지를 들여놓아야 하겠어. 슬비를 보낸 뒤 유미가 너무 힘들어하잖아! 도통 말이 없어졌으니. 정이야 당신이 더 줬죠. 슬비가 없으니 개 냄새도 안 나고, 난 얼마나 좋은지 몰라요. 좀 있으면 괜찮아질 거예요. 이렇게 좀 살아보아요. 아냐. 안 되겠어. 유미 생각도 해야지. 안 그래도 예민한 앤데. 나부터도 집안이 허한 것 같고. 사실 당신이 강아지를 안 좋아하는 게 문제지. 슬비 보낸 지 얼마나 됐다고 그러세요? 벌써 유미가 다른 강아지 반기기나 하겠어요? 유미 성격 잘 알잖아요!

　좀 놔두세요. 이참에 개집이랑 다 치워버렸어요. 유미 방에서 개 냄새 빠져나가려면 아직 멀었어요. 암튼, 이달 모임 마장동이니 그리 아세요. 난, 안 가. 삼계탕도 있으니 그냥 따라 오세요. 다들 좋다는데 어쩌게요? 그, 그렇다면 모를까!
　모임이 있는 날 마장동의 D 음식점에 유미네 아빠, 엄마가 도착한다. 유미 아빠는 간판부터 보신탕을 내세워 있는 것이 꺼림칙했으나 삼계탕 먹으면 되려니 하고 방에 들어서려는데, 옆방에 앉아 한참 백숙을 즐기던 두 젊은 아가씨가 깜짝 놀라 일어난다.
　"어머, 아빠가 여길 웬일?"
　"아니, 너희들 뭘 먹고 있니?"
　"응, 개 백숙!"
　유미는 입안에 든 것을 우물거리며 천연덕스레 대답하고 있다.

박 종 규

- 한국 작가교수회 부회장
- 1995년 첫 장편소설 『주앙마잘』 출간
- 2007~2023 76회차 책나눔 퍼포먼스
  (K-TV, KBS 라디오 일요초대석 출연)
- 세종도서 심사위원 추천위원, 한국콘텐츠진흥원 심의위원 역임
- 제1회 북미도서전 위탁도서에 선정
  (장편소설 『해리』, 수필집 : 『꽃섬』)
- 2023년 장편소설 『굿바이 파리』
  한국콘텐츠진흥원 스토리움 추천도서
- 2024년 한국문학예술저작권협회 전자출판공모에 선정
  (장편소설 『해리』)
- 2024년 소설전문지 『저널 소설가』 표지작가로 선정

연 혁

『한국문학을 세계문학으로』

사단법인 **기독교문학가협회** 법인설립감사예배 취임식 및 임명식

✒ 일 시 / 2024년 4월 6일(토) 오전 11시
✒ 장 소 / 신길감리교회 본당

사단법인 기독교문학가협회

■ 1부 법인설립 감사예배

사회 / 상임회장 **백근기 목사**

오프닝 축시		시인 **엄 경 숙**
조용한 기도		**반 주 자**
신 앙 고 백	사도신경	**다 함 께**
찬　　양	301장	**다 함 께**
대 표 기 도		감사 **윤윤근 목사**
성 경 봉 독	여호수아 14:6~15	감사 **이용덕 장로**
특 별 연 주		서기 **정호영 목사**
설　　교	우리도 갈렙처럼	**김갑성 목사**
헌　　금		**최숙미 권사, 박문순 권사**
광　　고		사무총장 **김순찬 장로**
축　　도		부회장 **조성호 목사**

■ 2부 취임 및 임명 축하식

사회 / 부회장 **김민섭 목사**

내빈 소개	상임이사 **백근기 목사**
법인설립경과보고	사무총장 **김순찬 장로**
이사장 취임패 증정	상임고문 **김봉군 박사**
취임 인사	이사장 **박영률 목사**
상임이사 공로패 증정	이사장 **박영률 목사**
이사 및 감사 취임패 증정	이사장 **박영률 목사**
위촉장 및 임명장 수여식	이사장 **박영률 목사**
축사	상임고문 **김봉군 박사**
축시 낭송	**김완수 시인, 이영희 시인**
축가	테너 **오창호 성악가**

■ 3부 단체사진 촬영 및 점심식사

한국문학을 세계문학으로
사단법인 기독교문학가협회 조직표

1. 법인이사회[정관에 근거]
- 이 사 장 – 박영률 목사
- 상임이사 – 백근기 목사
- 이   사 – 김민섭 목사, 김순찬 장로, 이서연 권사
- 감   사 – 윤윤근 목사, 이용덕 장로

2. 운영이사회[시행규칙에 근거]
권양순, 김보현, 김성배, 김영배, 김용기, 김태호, 김헌수, 김흥섭, 노향모, 박경진, 박문순, 배삼진, 서일동, 신윤호, 양정성, 양정순, 엄한갑, 여진근, 유사열, 이유식, 이주엽, 이흥재, 장기욱, 정태광, 조창희, 차종태, 홍선기 (가나다 순)

3. 고문[시행규칙에 근거]
고 훈, 김봉군, 김성호, 김소엽, 김영백, 도한호, 손해일, 신건자, 유승우, 이유식, 정요섭 (가나다 순)

4. 자문위원[시행규칙에 근거]
권정희, 문복희, 오진환, 오치용, 유성호, 유한귀, 이건영, 이광영, 전담양, 정려성, 정지용, 최규철, 최성대, 홍성훈 (가나다 순)

5. 임원회[정관 및 시행규칙에 근거]

대표회장	박영률	상임회장	백근기
부 회 장	고산지, 김명자, 김민섭, 김연수, 박충서, 서성철, 장헌일, 조성호		
편집주간	김신영	사무총장	김순찬
서 기	정호영	회계(재무국장 겸직)	사무총장 임시
수필분과위원장	최숙미	소설분과위원장	박종규
평론분과위원장	윤춘식	시조분과위원장	이옥규
아동분과위원장	신건자	낭송분과위원장	엄경숙
시분과위원장	이영희		
한국문학세계화추진위원장			김완수
로뎀작가위원장(청소년창작문학교실 운영)			김순찬
국내 및 전 세계 지부장			

■ 법인 설립 경과 보고

- **2023년 8월 25일** - 발기인대회(발기인 21명)
  김민섭, 김봉군, 김소엽, 김순찬, 김신영, 도한호, 문복희, 박영률, 박충서, 백근기, 서성철, 신건자, 양정성, 엄한갑, 유성호, 유승우, 윤윤근, 이서연, 이용덕, 조창희, 최숙미
- **2023년 9월 1일** - 법인 사무실 무상사용 계약서 체결
- **2023년 9월 5일** - 사단법인 기독교문학가협회 창립총회(80명 서명) 예배 및 정관 통과(장소/ 신길교회)
- **2023년 10월 4일** - 사단법인 설립허가 신청(7회에 걸쳐 보완)
- **2023년 12월 14일** - 사단법인 설립허가 취득(서울특별시장)
- **2024년 1월 18일** - 서울남부지방법원 등기국 법인등기 완료
- **2024년 1월 20일** - 광명법원 등기소 법인인감(카드) 신청 발급
- **2024년 1월 24일** - 제1차 법인이사회 개최(시행규칙 심의 가결)
- **2024년 1월 25일** - 법인고유번호증 발급(국세청 구로세무서)
- **2024년 1월 29일** - 법인통장 및 법인카드 발급(농협/광흥창지점)
- **2024년 2월 20일** - 제2차 법인이사회 개최(협회 임원조직)
- **2024년 4월 6일** - 사단법인 설립 감사예배 및 이사 취임식 위촉장, 임명장 수여식(장소: 신길감리교회)

■ 2024년 주요사업

- 2024년 4월 6일 법인설립감사예배 및 취임식, 임명식
- 2024년 5월 30일 김삿갓문학관 열차문학기행 및
     강원도 영월군 일대 문학기행
- 2024년 12월 25일 창간호 발행

정 관

정 관

2023.09.05. 제정

제 1 장 총 칙

제 1 조(명칭) 이 법인은 "사단법인 기독교문학가협회"(이하 "본회"라 한다)라 한다.
제 2 조(소재지) 본회의 사무소는 <u>서울특별시 구로구에 둔다.</u>
제 3 조(목적) 본회는 「민법」 제32조 및 「문화체육관광부 및 문화재청 소관 비영리법인의 설립 및 감독에 관한 규칙」 제4조의 규정에 따라 설립된 법인으로서 기독교 작가들이 대한민국 수도 서울을 활동 무대로 삼고, 문학발전에 증진하여 문학의 꿈을 키워 문학의 세계화를 지향하는데 그 목적이 있다.[Nobel prize for literature]
제 4 조(사업) 본회는 제3조의 목적을 달성하기 위하여 다음의 사업을 한다.
  1. 회원의 문학적 역량 향상을 위한 문학세미나 및 친교사업
  2. 문학인들의 문학향상을 위한 문학관을 탐방사업
  3. 문학지 출간사업, 서울시민에게 보급(비매품으로 서울시 각 도서관 보급)
  4. 제3조의 목적에 부응하는 사업과 다음세대 문학영재 양성사업
  5. 기타(문화예술에 관한 사업)

제 2 장 회 원

제 5 조(회원의 자격)
  본회의 회원은 본회의 설립취지에 찬동하는 자로서 회원 2인이상의 추천을 받아 소정의 입회신청서를 제출하여 이사회의 승인을 얻은 자로 한다.
제 6 조(회원의 권리)
  본회의 회원은 총회를 통하여 본회의 운영에 참여할 권리를 가진다. 다만, 준회원·특별회원·명예회원은 총회에 출석하여 발언할 수 있으나 의결권은 없다.

제 7 조(회원의 의무) 회원은 다음의 의무를 진다.
  1. 본회의 정관 및 제규약의 준수
  2. 총회 및 이사회의 결의사항 이행
  3. 회비 및 제부담금의 납부
제 8 조(회원의 탈퇴) 회원은 회장에게 탈퇴서를 제출함으로써 자유롭게 탈퇴할 수 있다.

이 문서는 서울시의 승인없이 수정할 수 없습니다.

제9조(회원의 상벌)
1. 본회의 회원으로서 본회의 발전에 기여한 자에 대하여는 이사회의 의결을 거쳐 포상할 수 있다.
2. 본회의 회원으로서 본회의 목적에 위배되는 행위 또는 명예와 위신에 손상을 가져오는 행위를 하거나 제7조의 의무를 이행하지 아니한 자에 대하여는 이사회 또는 총회의 의결을 거쳐 회장이 제명·견책 등의 징계를 할 수 있다.

제3장 임 원

제10조(임원의 종류와 정수) 본회는 다음의 임원을 둔다.
1. 회   장   1인
 ※ "이사장"으로 할 수 있으며, 이사장으로 할 경우 관련조문에 "회장"을 "이사장"으로 표기(임원취임예정자인적사항, 법인조직도 표기 수정)
2. 이   사   5인(회장을 포함한다)
 ※ 이사는 5인이상으로 정한다.
3. 감   사   2인
 ※ 감사는 2인이하로 정한다.

제11조(임원의 선임)
1. 임원은 총회에서 선출하고, 그 취임에 관하여 지체없이 주무관청에 보고하여야 한다.
2. 임원의 보선은 결원이 발생한 날로부터 2월이내에 하여야 한다.
3. 새로운 임원의 선출은 임기만료 2월전까지 하여야 한다.

제12조(임원의 해임) 임원이 다음 각호의 1에 해당하는 행위를 한 때에는 총회의 의결을 거쳐 해임할 수 있다.
1. 본회의 목적에 위배되는 행위
2. 임원간의 분쟁·회계부정 또는 현저한 부당행위
3. 본회의 업무를 방해하는 행위

제13조(임원의 선임 제한)
1. 임원의 선임에 있어서 이사는 이사 상호간에 민법 제777조에 규정된 친족관계에 있는 자가 이사정수의 1/5을 초과할 수 없다.
2. 감사는 감사 상호간 또는 이사와 민법 제777조에 규정된 친족관계가 없어야 한다.

제14조(상임이사)
1. 본회의 목적사업을 전담하게 하기 위하여 상임이사를 둘 수 있다.
2. 상임이사는 이사회의 의결을 거쳐 회장이 이사중에서 선임한다.

제15조(임원의 임기)
1. 임원의 임기는 3년으로 한다. 감사의 임기는 2년 이하로 한다.
2. 보선에 의하여 취임한 임원의 임기는 전임자의 잔여기간으로 한다.

제16조(임원의 직무)
1. 회장은 본회를 대표하고 본회의 업무를 통합하며, 총회 및 이사회의 의장이 된다.
2. 이사는 이사회에 출석하여 본회의 업무에 관한 사항을 의결하며 이사회 또는 회장으로부터 위임받은 사항을 처리한다.
3. 감사는 다음의 직무를 행한다.
    ① 본회의 재산상황을 감사하는 일
    ② 총회 및 이사회의 운영과 그 업무에 관한 사항을 감사하는 일
    ③ 제1호 및 제2호의 감사결과 부정 또는 부당한 점이 있음을 발견한 때에는 이사회 또는 총회에 그 시정을 요구하고 주무관청에 보고하는 일
    ④ 제3호의 시정요구 및 보고를 하기 위하여 필요한 때에는 총회 또는 이사회의 소집을 요구하는 일
    ⑤ 본회의 재산상황과 업무에 관하여 총회 및 이사회 또는 회장에게 의견을 진술하는 일

제17조(회장의 직무대행)
1. 회장이 사고가 있을 때에는 회장이 지명하는 이사가 회장의 직무를 대행한다.
2. 회장이 궐위되었을 때에는 이사회에서 선출된 이사가 회장의 직무를 대행한다.
3. 제2항의 규정에 의한 이사회는 재적이사 과반수가 소집하고 출석이사중 최연장자의 사회아래 출석이사 과반수의 찬성으로 회장의 직무대행자를 선출한다.
4. 제2항의 규정에 의하여 회장의 직무를 대행하는 이사는 지체없이 회장 선출의 절차를 밟아야 한다.

제4장 총 회

제18조(총회의 구성) 총회는 본회의 최고의결기관이며 회원으로 구성한다.

제19조(구분 및 소집)
1. 총회는 정기총회와 임시총회로 구분하며, 회장이 이를 소집한다.
2. 정기총회는 매 회계연도 개시 1월 전까지 소집하며, 임시총회는 회장이 필요하다고 인정할 때에 소집한다.
3. 총회의 소집은 회장이 회의 안건·일시·장소 등을 명기하여 회의 개시 7일전까지 문서 등으로 각 회원에게 통지하여야 한다.

제20조(총회소집의 특례)
1. 회장은 다음 각호의 1에 해당하는 소집요구가 있을 때에는 그 소집요구일로부터 14일이내에 총회를 소집하여야 한다.
   ① 재적이사 과반수가 회의의 목적을 제시하여 소집을 요구한 때
   ② 제16조제3항제4호의 규정에 의하여 감사가 소집을 요구한 때
   ③ 재적회원 5분의 1이상이 회의의 목적을 제시하여 소집을 요구한 때
2. 총회 소집권자가 궐위되거나 이를 기피함으로써 7일이상 총회소집이 불가능한 때에는 재적이사 과반수 또는 재적회원 3분의 1이상의 찬성으로 총회를 소집할 수 있다.
3. 제2항의 규정에 의한 총회는 출석이사 중 최연장자의 사회아래 그 의장을 선출한다.

제21조(의결정족수)
1. 총회는 재적회원 과반수의 출석으로 개의하고 출석회원 과반수의 찬성으로 의결한다.
2. 회원의 의결권은 총회에 참석하는 다른 회원에게 서면으로 위임할 수 있다. 이 경우 위임장은 총회 개시 전까지 의장에게 제출하여야 한다.

제22조(총회의 기능) 총회는 다음의 사항을 의결한다.
1. 임원의 선출 및 해임에 관한 사항
2. 본회의 해산 및 정관변경에 관한 사항
3. 기본재산의 처분 및 취득과 자금의 차입에 관한 사항
4. 예산 및 결산의 승인
5. 사업계획의 승인
6. 기타 중요사항

제23조(총회의결 제척사유) 회원이 다음 각호의 1에 해당하는 때에는 그 의결에 참여하지 못한다.
1. 임원의 선출 및 해임에 있어 자신에 관한 사항을 의결할 때
2. 금전 및 재산의 수수 또는 소송 등에 관련되는 사항으로서 자신과 본회의 이해가 상반될 때

제 5 장 이 사 회

제24조(이사회의 구성) 이사회는 회장과 이사로 구성한다.

제25조(구분 및 소집)
1. 이사회는 정기이사회와 임시이사회로 구분하며, 회장이 이를 소집한다.
2. 정기이사회는 매 회계연도 개시 1월전까지 소집하며, 임시이사회는 회장이 필요하다고 인정할 때에 소집한다.
3. 이사회의 소집은 회장이 회의 안건·일시·장소 등을 명기하여 회의개시 7일전까지 문서 등으로 각 이사 및 감사에게 통지하여야 한다.

제26조(이사회 소집의 특례)
1. 회장은 다음 각호의 1에 해당하는 소집요구가 있는 때에는 그 소집요구일로부터 20일이내에 이사회를 소집하여야 한다.
   ① 재적이사 과반수가 회의의 목적을 제시하여 소집을 요구한 때
   ② 제16조 제3항 제4호의 규정에 의하여 감사가 소집을 요구한 때
2. 이사회 소집권자가 궐위되거나 이를 기피함으로써 7일이상 이사회 소집이 불가능할 때에는 재적이사 과반수의 찬성으로 이사회를 소집할 수 있다.
3. 제2항의 규정에 의한 이사회는 출석이사중 최연장자의 사회 아래 그 의장을 선출한다.

제27조(서면결의 금지) 이사회의 의결은 서면결의에 의할 수 없다.
1. 회장은 이사회에 부의할 사항중 경미한 사항 또는 긴급을 요하는 사항에 관하여는 이를 서면으로 의결할 수 있다. 이 경우에 회장은 그 결과를 차기 이사회에 보고하여야 한다.
2. 제1항의 서면결의 사항에 대하여 재적이사 과반수가 이사회에 부의할 것을 요구하는 때에는 회장은 이에 따라야 한다.

제28조(의결정족수)

제35조(결산) 본회는 매 회계연도 종료 후 2월 이내에 결산서를 작성하여 이사회의 의결을 거쳐 총회의 승인을 얻어야 한다.

제36조(회계감사) 감사는 회계감사를 연 1회 이상 실시하여야 한다.

제37조(회계의 공개)
   1. 본회의 예산과 결산은 이사회가 따로 정하는 방법에 따라 공개한다.
   2. 연간 기부금 모금액 및 활용실적은 다음해 4월 말까지 본회 홈페이지 및 국세청홈택스를 통해 공개한다.

제38조(임원의 보수) 사업의 운영을 전담하는 상임이사를 제외한 임원에 대하여는 보수를 지급하지 아니한다. 다만, 업무수행에 필요한 실비는 지급할 수 있다.

제 7 장 사무부서

제39조(사무국)
   1. 회장의 지시를 받아 본회의 사무를 처리하기 위하여 사무국을 둔다.
   2. 사무국에 사무총장 1인과 직원을 둘 수 있다.(형편상 직원은 자원봉사로 대체 가능하다.)
   3. 사무총장은 이사회의 의결을 거쳐 회장이 임면한다.
   4. 사무국의 조직 및 운영에 관한 사항은 이사회의 의결을 거쳐 별도로 정한다.

제 8 장 보 칙

제40조(정관변경) 이 정관을 변경하고자 할 때에는 총회에서 재적회원 3분의 2이상의 찬성으로 의결하여 주무관청의 허가를 받아야 한다.

제41조(해산) 법인이 해산하고자 할 때에는 총회에서 재적회원 4분의 3이상의 찬성으로 의결하여 주무관청에 신고하여야 한다.

제42조(잔여재산의 처리) 법인이 해산된 때의 잔여재산은 총회의 의결을 거쳐 주무관청의 허가를 얻어 국가, 지방자치단체 또는 유사한 목적을 가진 다른 비영리법인에게 귀속한다.

제43조(청산종결의 신고) 청산인은 법인의 청산을 종결한 때에는 민법 제94조의 규정에 의

1. 이사회는 재적이사 과반수의 출석으로 개의하고 출석이사 과반수의 찬성으로 의결한다. 다만, 가부동수인 경우에는 의장이 결정한다.
2. 이사회의 의결권은 위임할 수 없다.

제29조(이사회의 의결사항) 이사회는 다음의 사항을 심의·의결한다.
  1. 업무집행에 관한 사항
  2. 사업계획의 운영에 관한 사항
  3. 예산·결산서의 작성에 관한 사항
  4. 정관변경에 관한 사항
  5. 재산관리에 관한 사항
  6. 총회에 부의할 안건의 작성
  7. 총회에서 위임받은 사항
  8. 정관의 규정에 의하여 그 권한에 속하는 사항
  9. 기타 본회의 운영상 중요하다고 회장이 부의하는 사항

제 6 장 재산과 회계

제30조(재산의 구분)
  1. 본회의 재산은 다음과 같이 기본재산과 운영재산으로 구분한다.
    ① 기본재산은 본회 설립 시 그 설립자가 출연한 재산과 이사회에서 기본재산으로 정한 재산으로 하며, 그 목록은 "붙임 1"과 같다.
    ② 운영재산은 기본재산 이외의 재산으로 한다.

제31조(기본재산의 처분등) 본회의 기본재산을 변경(취득·매도·증여·교환을 포함한다)하고자 할 때에는 제40조의 규정에 의한 정관변경 허가의 절차를 거쳐야 한다.

제32조(수입금) 본회의 수입금은 회원의 회비 및 기타의 수입으로 충당한다.

제33조(회계연도) 본회의 회계연도는 정부의 회계연도에 따른다.

제34조(예산편성) 본회의 세입·세출 예산은 매 회계연도 개시 1월 전까지 편성하여 이사회의 의결을 거쳐 총회의 승인을 얻어 정한다.

하여 그 취지를 등기하고 청산종결 신고서를 주무관청에 제출한다.

제44조(준용규정) 이 정관에 규정되지 아니한 사항은 민법 중 사단법인에 관한 규정과 문화체육관광부 소관 비영리법인의 설립 및 감독에 관한 규칙을 준용한다.

제45조(규칙제정) 이 정관이 정한 것 외에 본회의 운영에 관하여 필요한 사항은 이사회의 의결을 거쳐 규칙으로 정한다.

부 칙

제1조(시행일) 이 정관은 주무관청의 허가를 받아 법원에 등기를 한 날부터 시행한다.

제2조(경과조치) 이 정관 시행당시 법인 설립을 위하여 발기인 등이 행한 행위는 이 정관에 의하여 행한 것으로 본다.

제3조(설립당초의 임원 및 임기) 이 법인 설립 당초의 임원 및 임기는 다음과 같다.

직위	성명	생년월일	주소	임기
이사장	박영률	1942. 09.15	서울 마포구 신수로 81, 경남아너스빌 202동904호	3년
이사	백근기	1952. 11.01	경기 광명시 소하로55 휴먼시아 413동502호	3년
이사	김민섭	1957. 05.22	서울 강남구 언주로 93길 13, 301호(역삼동)	3년
이사	이서연	1954. 01. 01	경기 용인시 기흥구 연남길 29번길 46, 102동 201호 (언남동, 효성빌라)	3년
이사	김순찬	1947.03. 18	인천 남동구 독곡로 43번길9, 104동 1207호 (서창동, 서해그랑블 아파트)	3년
감사	이용덕	1945. 02.02	서울 영등포구 신길로 41 라길 13-9(신길동)	2년
감사	윤윤근	1961. 04.16	경기 부천시 하우로 296번길 9-1(심곡본동)	2년

제4조(발기인의 기명날인) 법인을 설립하기 위하여 이 정관을 작성하고 다음과 같이 설립자 전원이 기명·날인한다.

성 명	주 소	날 인
박영률	서울시 마포구 신수로 81, 경남아너스빌 202동 904호	
백근기	경기도 광명시 소하로 55 휴먼시아 413동 502호	
김민섭	서울시 강남구 언주로 98길 13, 301호(역삼동)	
이서연	경기도 용인시 기흥구 언남로 29번길 46, 102동 201호 (언남동 효성빌라)	
김순찬	인천시 남동구 독곡로 48번길 9 104동 1207호 (서창동 서해그랑블 아파트)	

시행규칙

기독교세계문학
사단법인 기독교문학가협회 시행규칙

제1장 총칙

제1조 [명칭] 본회는 약칭으로〈세문협〉이라 칭한다.
제2조 [목적] 본회의 설립목적은 하나님을 영화롭게 하고, 회원 상호간의 친목과 문학을 통한 복음선교에 힘쓰며, 서울을 중심하여 기독교문학가들이 참여하여 한국문학을 세계화하는데 있다. 또한, 문학의 영재들을 발굴하고 육성하여 문학의 꿈(Nobel prize for literature)을 성취하도록 돕는데 있다.
제3조 [사업] 본회의 목적을 위하여 다음과 같은 사업을 한다.
  1. 회원의 문학적 역량 향상을 위한 세미나 및 친교, 선교 사업
  2. 문학인들의 문학향상을 위한 국, 내외 문학관 탐방 사업
  3. 문학지 출간 및 보급 사업
  4. 제2조에 부응하는 사업과 다음세대 기독교청소년문학상 사업
  5. 기타(문화예술에 관한 사업)

제2장 회원의 자격 및 권리와 의무

제4조 [회원의 자격] 본회의 회원은 본회가 인정하는 신춘문예 당선 및 각 문학단체의 문단을 통하여 등단한 작가와 본회에서 출판하는 문학지〈기독교세계문학〉지에 신인상을 수상하여 등단한 작가로 연회비와 입회비를 납부한 자로 한다.

제5조 [입회의 절차] 제4조의 자격을 갖추고 본회의 회원이 되기를 희망하는 자는 본회 설립취지에 찬동하고, 소정의 입회신청서를 제출하여 본회 대표회장과 상임회장, 사무총장, 재무국장, 그리고, 각 장르의 분과위원장 5인의 승인으로 입회가 완료되며, 동명이인일 경우에는 아호 이름으로 입회하도록 한다.

제6조 [회원의 권리]
1. 본회 회원은 본회의 구성원으로서 해당 회의에 참석하여 발언권, 의결권, 선거권, 피선거권을 가진다.
2. 본회에서 출판하는 문서 편찬 사업에 우선적으로 작품을 게재 하거나 참여할 수 있다.
3. 본회 발간지를 무료로 구독하며 본회에서 시행하는 목적사업에 회원으로 참여권을 갖는다.

제7조 [회원의 의무] 모든 회원은 정관 및 시행규칙을 준수하고, 본회의 사업에 동참하여 연회비 납부의 의무를 진다. 그리고, 본회의 원만한 운영을 위하여 법인이사 및 운영이사, 임원은 매년 3월~4월까지 별도로 규정된 연회비를 납부하여야 한다.

제8조 [회원의 탈퇴]
1. 회원은 대표회장에게 자진하여 탈퇴서를 제출할 수 있다.
2. 국내에 거주하면서 3년간 회원의 의무 연회비를 이행하지 않는 회원은 탈퇴는 아니하여도, 우편물 발송은 보류한다.

제9조 [회원의 권리회복] 재가입을 희망하는 회원에 대하여 본회는 상벌 규정에 의하여 제명된 자와 자진 탈퇴자는 1년 이내에는 재가입을 불허한다.(단, 재가입은 임원회의 의결을 거쳐야 한다.)

제10조 [특별회원 및 명예회원]

1. 기독교 지도자로 본회 목적에 찬동하는 이를 임원회의 결의를 거쳐 대표회장은 특별회원으로 추대한다.
2. 기독교 문학가로서 본인 목적에 찬동하는 이를 임원회의 결의를 거쳐 대표회장은 명예회원으로 추대한다.

제3장 조직 및 임원

제11조 [조직] 본회는 다음과 같은 의회 기구를 둔다.
   (1) 총회   (2) 고문   (3) 자문위원회
   (4) 법인이사회   (5) 운영이사회
   (6) 임원회   (7) 분과위원회
   (8) 문학지 편집위원회 (9) 문학상 심사위원회
   (10) 상벌 심의 위원회
   (11) 로뎀작가 위원회(상설운영/창작문학 교실)
   (12) 기독교세계문학의 세계화위원회
   (13) 국내지부 및 세계지부

제12조 [법인이사회] 본회는 대한민국 민법 규정에 따라 법인이사회를 두며, 본회를 합법적으로 운영한다.
 (1) 법인이사는 5명으로 한다. (단, 이사장은 대표회장 겸직, 상임이사는 상임회장이 겸직한다.)
 (2 감사는 2명으로 한다.
 (3) 간사는 상근직으로 한다.(단, 운영상 자원봉사 또는 파트 타임으로 대체할 수 있다.)

제13조 [운영이사회] 본회는 본회 운영을 위하여 재정적인 후원과 운영에 관하여 운영이사회를 둔다.

(1) 운영이사장은 1명으로 한다.

(2) 운영 이사는 10명이상 30명 이하로 한다.

제14조 [문학지 편집위원회] 본회 잡지를 발행할 수 있도록 편집위원회를 둔다.

(1) 편집위원장은 편집주간이 맡는다.

(2) 편집위원은 편집국장 외 약간명을 둔다.

(3) 본회 문학지는 세계문학지가 될 수 있드록 우수한 각 장르의 문학적인 작품으로 편집하는데 그 근거를 둔다.

제15조 [로뎀작가 위원회]

국내에 있는 문학 영재들을 초등학생부터 성인에 이르기까지 발굴하여 문학창작교실을 운영한다.

제16조 [임원회]

1. 본회 사업을 위하여 다음과 같은 임원을 둔다.

대표회장(1인), 상임회장(선출직1인), 부회장(약간명), 사무총장 1인), 편집주간(1인), 서기(1인), 재무국장 겸직 회계(1인)

편집 및 출판국장(1인),영상 및 취재국장(1인)

홍보 및 광고국장(1인,) 시분과위원장(1인),

수필분과위원장(1인), 평론분과위원장(1인),

소설분과위원장(1인), 아동문학분과위원장(1인),

희곡분과위원장(1인), 시조분과위원장(1인),

시낭송분과위원장(1인), 로뎀작가위원장(1인),

세계화추진위원장(1인),지부위원장(각지역)

(카페운영 및 카톡방은 상임이사가 기능따라 지명한다.)

2. 대표회장은 본회 사업을 위하여 필요할 때 각 국 및 분과위

원회를 추가 또는 축소 운영할 수 있다.

제4장 선거와 임원의 임무

제17조 [선거와 임원의 임기]
1. 대표회장(이사장)은 정기총회에서 상임회장이 자동적으로 승계한다. 임기 3년으로 한다.(단, 회원들이 만장일치 찬성하면 1회에 한하여 연임할 수 있다.)
2. 상임회장은 정기총회에서 부회장 중에서 출마한 자 가운데, 회장단이 추천하여 투표하되, 종다수자가 선출된다.(단, 대표회장은 5인의 임시선거관리위원회를 설치하여 선거하도록 한다.) 임기는 대표회장과 같으나, 대표회장이 연임할 시 상임회장의 임기도 이에 준한다. 부회장은 회원들의 추천으로 선출하며, 임기는 대표회장의 임기에 준한다.
3. 법인이사는 회장단의 추천하여 정기총회에서 인준을 받는다.
4. 운영이사는 회장단에서 위촉한다. (임기3년, 회장단이란 대표회장 상임회장, 사무총장으로 한다.)
5. 감사는 회장단이 추천하여 정기총회에서 인준을 받는다. (임기2년)
5. 편집주간과 사무총장은 대표회장이 추천하여 총회의 인준을 받는다.(임기3년)
6. 고문은 문학계의 권위와 덕망있는 원로를 회장단이 추대한다.
7. 자문위원은 덕망있는 문학계 인물로 회장단이 추대한다.

8. 기타 임원은 회장단에서 선정하여 대표회장이 임명한다.
   (임기3년)

제18조 [임원의 임무]

1. 대표 회장 : 본회를 대표하며, 각종 회의의 의장이 되어 회무와 행정 전반을 총괄하고 임원을 임면한다. 그리고, 법인 이사장을 겸직한다.
2. 상임회장 : 대표회장을 보좌하며, 대표회장 유고시 남은 기간을 대표회장의 직무를 대행한다. 그리고, 상임 이사직을 겸직하며, 본회 사업 전체를 총괄한다.
3. 부회장 : 상임회장을 보좌하여 본회의 발전과 성장을 위하여 힘쓴다.
4. 편집주간 : 본회〈기독교세계문학〉지 발간에 주력한다.
5. 사무총장 : 상임이사를 보좌하여 본회에서 결의된 사업을 추진한다.
6. 재무국장 : 회장의 재가를 받아 수입과 지출을 총괄 출납, 정리, 기록, 이사회와 총회에 보고, 총회후에는 보관하되 외부 유출을 금지한다.
7. 편집 및 출판국장 : 편집주간을 보좌하며, 편집업무를 총괄한다.
8. 홍보 및 광고국장 : 각종 기관의 광고, 정보를 연구하고 홍보물을 유치하여 협회지에 게재 하도록 한다.
9. 영상 및 취재국장 : 성지 및 교회 탐방과 교계, 회원의 문화 출판 행사를 취재하여 협회지 등에 게재한다.
10. 서기 : 회원 주소 관리와 회의록을 기록하여 보관한다. 각종

모든 회의에 참석하여 회의 안건을 기록하되, 총회 기록은 총회에서, 임원회 기록은 임원회에서, 전 회의록 낭독하여 동의를 받도록 한다.
11. 회계 : 재무국장을 보좌하여 회비 및 기타 수입을 받으며 지출하는데 힘쓴다.(단, 재무국장이 겸직할 수 있다.)
12. 간사 : 상임이사를 보좌하여 본회의 모든 업무를 수행한다. (자원봉사 또는 파트타임도 이에 준한다.)
13. 법인감사 : 본회의 회계연도에 걸친 사무 및 재무에 관하여 감사하고, 이사회 및 정기총회에 보고한다.
14. 분과위원장 : 각 분과위원장은 해당 장르에 관하여 업무를 관장하며 추진한다.
15. 지역위원장 : 지역에서 3명 이상 회원들의 문학 활동을 본회와 연결하여 기독교세계문학을 지향하는데 돕는다.

제5장 회 의

제19조 [회의] 본회는 제12조의 각 조직에 의거하여 다음과 같은 회의를 갖는다.
 1. 정기총회 2. 임시총회 3. 법인이사회 4. 임원회
 5. 운영이사회 6. 문학지 편집위원회 7. 분과위원회
 8. 수상자 작품 심의위원회(신인상, 기독세계문학상, 청소년문학상, 기타) 9. 특별위원회

제20조 [정기총회]
 정기총회는 12월에 회장이 소집하며, 대표회장은 일자와 장소를 지정하여 반드시 1개월 전에 문서 또는 온라인을 통해 총

회를 공지하여야 한다. 총회는 정관개정, 임원선출, 이사회가 상정한 예결산심의, 사업계획 등을 승인한다.

제21조 [임시총회]

회원20명 이상의 연명으로 요청하거나 임원회의 결의로 대표회장이 소집한다. 회무는 소집 통지 안건에 국한한다.

제22조 [임원회]

임원회는 정기 임원회(계절별)와 임원 5명 이상의 요청 시 또는 대표회장이 필요시 이를 소집한다.

제23조 [법인이사회]

법인이사 및 감사, 3명 이상의 요청이나 대표회장이 필요시 소집하며, 의장은 대표회장이 된다.

제24조 [운영이사회]

운영이사 10명 이상의 요청이나 대표회장이 필요시 소집하며, 의장은 대표회장이 된다.

제25조 [의결 정족수]

공고에 따라 소집한 회의는 참석한 인원으로 개회 정족수로 인정하며, 참석인원의 과반수 이상의 동의로 의결하고 가부 동수 일 때는 의장이 결정한다.

제6장 재정

제26조 [회계연도]

본회 회계연도는 12월1일부터 당해 연도 11월31일까지로 한다.

제27조 [재정]

본회의 재정은 연회비, 찬조금, 헌금, 광고비, 계간지 판매금, 구독료, 기타 수입금으로 충당한다.

제28조 [특별 재정]
　문화단체, 정부 및 지자체의 지원금 등으로 충당한다.

제29조 [재정 관리]
　본회 법인통장에 입금된 수입과 법인카드로 지출하는 것을 원칙으로한다.(단, 지출에 부득한 경우에는 예외로 한다.)

제30조 [재정 분배]
　본회의 수익은 회원(구성원)에게 분배하지 않는다.

제7장　상벌 규정

제31조 [시상] 기독교세계문학상은 심사 기준과 시상금은 별도의 규약에 따른다.

제32조 [징계 및 해벌]
　본회의 명예를 실추시켰을 경우, 회원 상호간의 친목을 저해하고 위해를 끼친 자에게는 대표회장은 징벌위원회를 설치하여 이를 징계할 수 있다. 징벌위원회 위원은 대표회장이 위촉하여 결성된다. 또한, 개선의 정황이 있을 때는 해벌할 수 있다.

제33조 [징계의 종류]
　징계는 주의, 경고, 제명으로 구분한다.

제8장　부칙

제1조 본 시행규칙은 제7장 제33조 및 부칙 제7조로 한다.

제2조 본 시행규칙에 규정되지 아니한 사항은 일반 사례에 준한다.

제3조 본 시행규칙 개정은 법인이사회에서 과반수 이상 출석에 이사 과반수 이상의 찬성으로 가결한다.

제4조 본 시행규칙은 법인설립 이후 첫 이사회에서 통과한 날로부터 즉시 효력이 발생한다.

제6조 본 회가 해산될 시 법인이사회의 결의에 따른다.

제7조 본회의 연보

2023년 08월25일 창립준비위원회 및 발기인 대회(발기인 21명) (준비위원장-백근기, 준비위원-박영률, 김민섭, 김순찬, 이서연, 박충서, 이용덕, 윤윤근)

2023년 09월05일 사단법인 기독교문학가협회 창립총회 및 정관 제정.(장소 : 신길감리교회)

2023년 12월14일 서울특별시장 사단법인 기독교문학가협회 법인설립 허가 득.(이사/박영률, 백근기, 김민섭, 김순찬, 이서연)

2024년 01월18일 서울남부지방법원 법원등기 및 법인인감 완료

2024년 01월24일 법인이사회에서 시행규칙 가결(제7장 33조항, 부칙 7조항)

2024년 01월25일 고유번호증 발급(국세청 구로세무서)

2024년 01월29일 법인통장 및 법인카드 발급(농협은행 마포구 광흥창지점)

2024년 04월06일 법인설립감사예배 및 초대 이사장, 이사 취임 고문 및 자문위원 추대, 운영이사 위촉 및 각 임원 임명장 수여식(신길감리교회)

2024년 12월25일 창간호 발행(부수 1,000권)

편집후기

「한국문학을 세계문학」으로 이러한 슬로건을 품고 시작한 「사단법인 기독교문학가협회」는 서울특별시에 사단법인 설립을 신청하여 허가를 득하였고, 그 이후에 서울남부지방법원 등기국에 등기 신청하여 등기가 완료되면서 등기필증을 수령하였습니다. 그리고, 국세청 구로세무서에 고유번호를 신청하여 법인번호를 부여받았습니다. 이러한 각 행정적인 절차를 다 마치느라 2024년은 매우 바쁜 일정을 소화하였던 한 해였습니다.

 2024년 사업계획으로 창간호를 발간하는 사업이었는데, 드디어 성탄절을 기점으로 이렇게 「기독교세계문학」이란 순수 문학 잡지가 탄생되어 세상에 얼굴을 내놓게 되었습니다. 이를 자축하면서 그동안 편집주간과 편집위원들의 협조와 노고에 매우 감사 드립니다.
 또한, 창간호 발행을 위하여 축사의 글을 주신 (사)한국문인협회 이시장님, 서울특별시장 오세훈 시장님께 감사드리며, 우리 회원 작가들께서 주옥같은 작품을 보내주셨고, 〈표지그림〉과 〈표지서체〉를 써 주신 신건자님, 이필우님께 감사드립니다. 특집 인터뷰와 광고협찬을 해주신 저 멀리 워싱턴의 양정순 목사님께도 감사드립니다.

아울러 여러 날 원고 편집과 인쇄 제본으로 노고를 아끼지 않은 〈도서출판 조은〉 임직원들께 감사드립니다.

이 창간호가 가는 곳마다 모든 사람들의 손에 닿을 때에 전지하신 하나님의 놀라운 은혜가 임하리라 믿습니다. 할렐루야!

편집위원 일동 [글 – 상임회장 백근기]

| 창간호 |
기독교세계문학

발 행 일 | 2024년 12월 25일
발 행 처 | 도서출판 조은
펴 낸 곳 | 사단법인 기독교문학가협회
펴 낸 이 | 박영률
편집주간 | 김신영
편집위원 | 백근기, 김순찬, 최숙미, 윤춘식, 신건자, 이영희, 박종규, 이옥규, 엄경숙
표지제호 | 이필우
표지그림 | 신건자
편집 디자인 | 김진순
인 쇄 처 | 삼영문화사
구 매 처 | 농협 351-1307-4174-13 (예금주 : 사단법인 기독교문학가협회)
연 락 처 | 02-6293-1004(사무실)
제작 도서출판 조은
등록번호 제2-1999호
등록일자 1995. 7. 5.
주 소   04549 서울시 중구 인현동1가 19-2 대성빌딩 405호
대표전화 (02)2273-2408
팩 스   (02)2272-1391

ISBN 979-11-94562-05-4
ⓒ 기독교세계문학. 2024. Printed in Seoul Korea
15,000원